Je veux croire au soleil

DU MÊME AUTEUR

Sans armes face à Hitler. La résistance civile dans l'Europe nazie (1939-1943), Paris, Payot, 1989, Les Arènes, 2013.

La Liberté au bout des ondes. Du coup de Prague à la chute du mur de Berlin, Paris, 1997, Le Nouveau Monde édition, 2009.

Purifier et détruire. Usages politiques des massacres et génocides, Paris, Seuil, 2005, coll. « Points essais », 2012.

J'arrive où je suis étranger, Paris, Seuil, 2007.

Face au totalitarisme. La résistance civile, Bruxelles, André Versaille Éditeur, 2011.

Persécutions et entraides dans la France occupée. Comment 75 % des juifs en France ont échappé à la mort, Paris, Les Arènes/Seuil, 2013.

OUVRAGES EN COLLABORATION

Avec Claire Andrieu, Sarah Gensburger (dir.), *La Résistance aux génocides. De la pluralité des actes de sauvetage*, Paris, Presses de Sciences Po, 2008.

Avec Patrick Cabanel, Philippe Joutard, Annette Wieviorka (dir.), *La Montagne Refuge. Accueil et sauvetage des juifs autour du Chambon-sur-Lignon*, Albin Michel, 2013.

Je veux croire au soleil
se prolonge sur le site www.arenes.fr

Éditions des Arènes
27, rue Jacob, 75006 Paris
Tél. : 01 42 17 47 80
arenes@arenes.fr

Jacques Semelin

Je veux croire au soleil

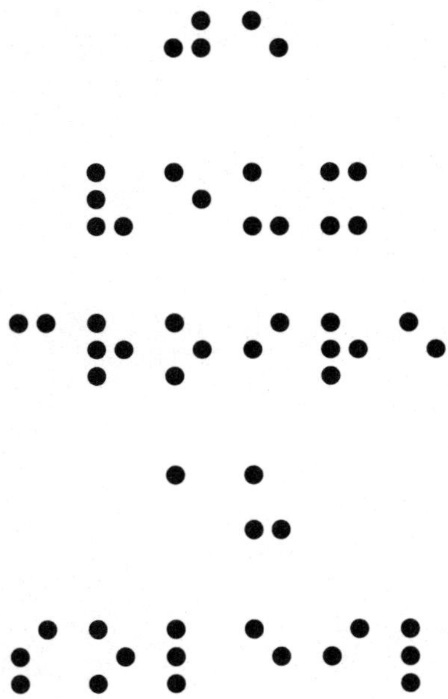

les arènes

1

Monsieur, où allez-vous ?

C'est un matin calme et doux mais sans rayons de soleil, je crois. Un taxi m'emporte vers Roissy. Le chauffeur est silencieux et moi aussi. Il est encore tôt et je ne suis pas très bien réveillé. J'entrouvre la vitre pour sentir l'air sur mon visage. Le vent s'introduit dans la voiture par petites bouffées régulières, chaque fois accompagnées d'un léger bruit étouffé, que j'adore. Cela me rappelle quelque chose de mon enfance, mais quoi ? Je fouille dans ma mémoire : je me revois tout gamin dans le train qui me conduisait de Paris à Nantes avec mes parents. J'aimais faire ce même geste : entrouvrir la fenêtre du compartiment pour sentir le vent arriver par intermittence : *puff, puff, puff.* Comment se produisent ces petits bruits douillets et que viennent-ils donc remuer en nous ? C'est un mystère.

La circulation est fluide et nous sommes déjà sur l'autoroute du Nord.

Le chauffeur a remarqué ma condition, mais il ne m'interroge pas. Il se demande sans doute comment je vais régler sa course. Si je paye par carte, pourrais-je lire le montant sur le cadran ? Et comment parviendrai-je à faire mon code ? Si je le règle en espèces, comment vais-je reconnaître les billets ? J'ai déjà prévu le coup. Je ne prendrai pas le risque de faire une carte ; j'ai préparé à peu près la somme qu'il va me demander et je saurai reconnaître ce qu'il me rendra en échange. En Europe – heureux choix pour la monnaie unique –, les billets de valeur différente ont des formats différents. Avec un peu de pratique, on apprend facilement à les reconnaître au toucher. Aux États-Unis, les dollars sont tous de même taille et ne se différencient que par leur couleur : qu'on vous donne un billet d'un dollar au lieu de cinquante ou de cent, et vous n'y verrez que du feu !

Nous arrivons à l'aéroport et le chauffeur me propose de me conduire dans le hall. Sympa. La porte sitôt franchie, je me sens enveloppé par le murmure des annonces et le brouhaha des voix. Je ne suis pas à l'aise dans les aéroports, où il m'est impossible de m'orienter seul. Dès que j'y pénètre, je dois me faire identifier, repérer, désigner. C'est le seul moyen de susciter l'assistance dont j'aurai besoin. Alors, *schlack* : je dégaine mon arme blanche, le bâton qu'il me faut agiter devant moi, à gauche à droite, pour me frayer un chemin. Il mesure 1,30 mètre et en intimide généralement plus d'un. *Tac tac tac tac* : je commence à frapper le sol de ma canne. Le chauffeur est pressé (il craint sans doute pour sa voiture), il me salue en me lançant : « Vous n'avez qu'à aller tout droit et vous arriverez au comptoir. » D'accord, je le remercie et j'avance, bien concentré. *Tac tac tac tac.*

Il ne se passe pas une minute avant qu'une voix masculine ne se fasse entendre sur ma droite : « Monsieur, où allez-vous ? » Qui est-ce ? Un voyageur attentionné ? Un employé en charge de la sécurité ? Je lui réponds :

« Au comptoir Air France.

– Je vais vous accompagner ; vous n'allez pas tout à fait dans la bonne direction. »

Il me prend le bras et, sans plus me parler, me conduit à bon port. J'attends un peu, et voici qu'une autre voix – féminine, celle-ci – m'interroge :

« Monsieur, quelle est votre destination ?

– Je vais à Montréal. »

Elle prend mon passeport, consulte mon dossier dans son ordinateur et me demande :

« Voulez-vous un bras ou un fauteuil ?

– Pardon ?

– Je veux dire, pour votre assistance, voulez-vous une simple escorte ou un fauteuil pour handicapé ?

– Ah ! une escorte bien sûr, et si possible une jolie fille. »

Je ne l'entends ni rire ni sourire : la voix prend bonne note puis me conduit à un autre comptoir. J'ai été surpris par sa question (c'est la première fois qu'on me laisse le choix) et surtout, je suis ravi : je vais éviter le fauteuil. Car il est arrivé, je ne sais plus dans quel pays, qu'on m'oblige à le prendre. Comme je refusais, l'employé s'était énervé. Il le fallait, pour des questions de sécurité, paraît-il, ou je ne sais trop quoi d'autre… J'ai senti que c'était sans appel. Alors, vous enragez, vous avez envie de mettre votre poing dans la figure du type, ou bien de rire du ridicule de la situation. Mais rien à faire – qu'à prendre sur soi et à laisser passer.

Donc je suis vraiment content que, cette fois-ci, on m'ait demandé mon avis. Je me retrouve dans la zone dite du « Service d'assistance à la personne ». On vérifie encore mon identité et on passe la consigne au service. Maintenant, je n'ai plus qu'à attendre mon « escorte » ; reste à savoir combien de temps : cinq minutes, un quart d'heure, une demi-heure ? On ne sait jamais… Tout dépend si l'instruction a bien été transmise ou reçue, si le service est en sous-effectif – ce qui arrive souvent. Il faut prendre son mal en patience. De toute façon, mon degré d'autonomie est, en ce lieu, quasi nul. Je sais que je dois être conduit, dirigé, étiqueté, contrôlé, déposé comme un paquet ici, puis là.

Soudain, une voix nouvelle me sort de ma somnolence : « Bonjour, c'est bien vous qui partez à Montréal ? Je m'appelle Julia et je vais vous conduire à votre salle d'embarquement. » Ouah ! On ne m'avait jamais abordé ainsi pour aller prendre un avion : quelle délicatesse ! Ils font vraiment des progrès ! Mais elle ajoute aussitôt : « Vous voulez monter dans mon fauteuil ? »

Je n'ai pas prévu le coup et je me crispe immédiatement : « Mais je ne l'ai pas demandé ! » Et elle de se justifier :

« Je préfère le prendre, on ne sait jamais.

– Mais pourquoi m'a-t-on posé la question, alors ?

– Je ne sais pas. »

Elle commence à s'impatienter :

« Alors, vous voulez monter ?

– Non merci ; de toute façon j'ai de bonnes jambes ! »

Elle n'insiste plus, mais me suggère :

« Donnez-moi quand même votre sac à dos. Il m'a l'air bien lourd, on va le mettre sur mon fauteuil.

– Oui, ça, c'est une bonne idée. »

Et elle, triomphante :

« Vous voyez bien qu'il sert à quelque chose, mon fauteuil ! »

Nous voici partis, formant un drôle d'équipage : elle poussant son fauteuil chargé de mon sac, et moi ne sachant pas très bien à quoi me raccrocher, tantôt prenant son bras, tantôt saisissant l'une des poignées du fauteuil. Sans le faire exprès, je frôle sa main.

En chemin, on nous salue ou plutôt on la salue, elle : ce sont des employés habitués à la voir passer avec son fauteuil et son client. Elle leur renvoie un bonjour amical et j'entends son sourire.

Julia m'est d'emblée sympathique. Elle adore s'occuper des PHMR, me dit-elle. Jamais entendu cette expression ; je lui demande ce qu'elle signifie. Comprenez les « personnes handicapées à mobilité réduite ». Elle dira plus tard « PMR », ôtant le « H » comme si le mot « handicapé », même réduit à son initiale, l'embarrassait. Elle suit un itinéraire bien particulier qui nous fait sans doute gagner du temps : du coup, j'ai l'impression, au lieu d'être un spécimen de la race des PMR, de rejoindre soudain l'élite des VIP !

J'ai le sentiment qu'elle aime son métier et que le fauteuil lui donne une contenance et une fonction bien identifiables. « Vous savez, c'est ma Lamborghini, ce fauteuil ! »

Nous voici bloqués par une foule de voyageurs qui attendent je ne sais quoi. Mais elle ne se laisse pas arrêter pour autant, et lance de sa petite voix aiguë : « Pardon ! Pardon ! » tout en continuant à avancer. Les rebords inférieurs du fauteuil viennent toucher les jambes des personnes qui sont juste devant nous et qui, en s'écartant, nous font comme une haie d'honneur. Julia nous fraye ainsi un chemin dans la cohue : pas bête ! Elle est ravie de me montrer sa technique : « Voyez à quoi elle sert, ma Porsche ? » Tiens, elle a dit « voyez ». Je souris intérieurement.

Nous arrivons à la sécurité. Les agents comprennent tout de suite la situation. Ils sont habitués, et moi aussi. Je me déleste de tous les objets qui peuvent sonner, et en un instant je me retrouve sans chaussures ni ceinture. Mais comment être sûr d'aller bien droit et de passer sous l'étroit portique ? De l'autre côté, l'agent de sécurité me tend sa main gantée :

il suffit que je la touche et me laisse guider pour ne pas frôler les parois et ne pas faire sonner la machine. Ouf : je ne suis pas suspect !

Puis je repars avec Julia, qui me récupère avec sa voiture de course. Nous filons vers la salle d'embarquement ; nous n'avons pas tant de temps que ça. Elle a quand même envie de me confier qu'elle est maman, qu'elle a deux enfants, que, « vous savez, ce n'est pas facile de tout concilier ». Mais elle aime beaucoup ce qu'elle fait parce qu'elle rend service. C'est vrai, elle doit parfois s'occuper de grincheux mais dans l'ensemble les gens sont gentils, etc. Et si vous saviez, il y en a certains, je ne voudrais pas être à leur place. Curieuse, elle me pose quelques questions sur moi, juste pour savoir à qui elle a affaire ce matin-là. Je lui réponds bien volontiers. Comme on dit, le courant passe entre nous. Il va déjà falloir qu'on se sépare. Julia a réussi à me faire oublier le fauteuil et je vais garder un bon souvenir de ce départ à Montréal.

Il reste encore une petite épreuve, mais j'y suis habitué. On me fait préembarquer avec les autres assistés de l'existence et quelques enfants qui voyagent sans leurs parents. C'est un privilège dont je me passerais bien, mais c'est ainsi. Quand j'entre dans la cabine, une hôtesse me conduit à mon siège : elle est au courant, bien entendu. Avant de prendre place, je souhaite repérer les toilettes. Je compte alors les rangées de sièges qui m'en séparent : cinq. Bon, ce sera facile d'y aller seul.

Je demande aussi à l'hôtesse comment l'appeler en cas de besoin. Je ne trouve pas de bouton ni de télécommande. Ah ? Elle ne sait pas. (« Vous comprenez, je reprends mon service aujourd'hui. Cela fait longtemps que je n'ai pas volé. ») Elle se remet à examiner ce dont dispose le passager et m'annonce :

« J'ai trouvé ! C'est sur l'écran tactile devant vous : ici, vous avez un signe pour les films, puis pour la musique, et à côté un signe pour nous appeler.

– Mais je fais comment ? Pour moi, cet écran est tout lisse, sans repères, donc inutilisable. »

Bravo aux ingénieurs qui ont pensé cette affaire, ou plutôt qui ne l'ont pas pensée ! L'hôtesse est désolée et s'en va s'occuper des autres passagers.

Je me recroqueville sur mon siège, attendant que l'avion se remplisse. J'entends des pas, des voix, des mouvements, les *clacs* des casiers qui se referment au-dessus des sièges. Je m'extrais de cette ambiance de départ imminent et prête à peine attention aux passagers qui s'installent dans ma rangée. Je suis déjà ailleurs : je pense aux raisons de ce voyage et je me dis combien j'ai de la chance de partir. Cela aide à oublier ces petites vexations du quotidien dues à ma dépendance. Se recentrer sur l'essentiel, sur ce que vous croyez important dans votre vie, procure du bien, du bon. Dans mon cas, cela me permet de passer outre ces moments de profonde mélancolie où vous regrettez le monde d'hier, ou vous désirez revenir dans ce monde d'avant qui s'est peu à peu effondré, englouti sous vos yeux, à cause de vos yeux, et dans lequel vous voudriez revenir alors que vous en avez été expulsé. Oublions tout cela, ou faisons comme si on pouvait l'oublier.

L'essentiel pour moi, donc, en cette fin de matinée du mois de mai, est que je pars au Canada. Voilà ce qui compte en cet instant précis. Je suis invité à donner des cours à l'université de Montréal. Ce ne sera pas long : deux mois. Mais c'est assez pour connaître un peu la fac, les profs et les étudiants ; et aussi pour prendre la température de la ville. Mais voilà : je n'y vois pas. Alors ce séjour sera un peu plus compliqué que pour n'importe qui d'autre. Quand j'ai parlé de ce projet à mon entourage, certaines personnes n'ont pas perçu la difficulté et ont réagi positivement : « C'est formidable ! » Après tout, il est plutôt banal qu'un professeur et chercheur soit invité à donner des cours à l'étranger. N'ont-ils pas mesuré les difficultés ou simplement pas osé m'en parler ? D'autres ont vu tout de suite le problème : « Mais comment vas-tu faire ? Y vas-tu seul ? Cela me ferait peur, à ta place ! » Ceux-là, qui se sont identifiés à moi, ont imaginé la chose presque impossible. Lydie, mon épouse, prise par son travail, ne pouvait de toute façon pas m'accompagner. Elle a bien perçu ma forte motivation pour le projet et m'a soutenu, confiante en mes ressources propres, en ma capacité à faire face à la situation – pourtant, elle n'est pas sans inquiétude.

Tout de même, je ne m'en vais pas au fin fond de la jungle ni dans un pays dont je ne connais pas la langue. J'ai d'ailleurs déjà été à Montréal mais, il est vrai, pour de très brefs séjours – dans le cadre d'une conférence ou d'un colloque. Ce n'est pas la même chose que d'y rester deux mois, ce qui nécessite de prendre ses marques, de faire un réel effort d'adaptation. Pour être honnête, j'ai bien aussi quelque appréhension. Je vais devoir m'intégrer à un nouvel environnement, y trouver mes repères, mettre à l'aise mes collègues et, par-dessus tout, répondre aux attentes de mes futurs étudiants. Par conséquent, cette question « pratico-pratique » des moyens de mon adaptation au pays, que l'on m'a posée d'emblée, est bien entendu légitime. C'est d'ailleurs pourquoi j'ai consacré du temps à la préparation de ce séjour, pour mettre le maximum de chances de mon côté.

Voici des années que j'ai perdu la vue et que, en réaction à ce séisme, j'ai progressivement modifié ma manière d'être au monde. J'ai déjà raconté cette métamorphose douloureuse et cette progression – involontaire – vers un univers où je ne voulais pas me rendre[1]. J'ai finalement pris pied, à tâtons, dans ce pays des ombres où je ne me sens plus étranger. Aujourd'hui, à Paris, j'ai redessiné le monde autour de moi, j'ai mes petites habitudes.

---

1. Voir Jacques Semelin, *J'arrive où je suis étranger*, Seuil, 2007.

Mais que va-t-il se passer quand je me retrouverai, dans à peine moins de dix heures, dans un univers que je connais peu ? Comment vais-je l'appréhender ? Comment, dans cet environnement peu familier, mes sens vont-ils se mettre en éveil ? Quels sons, quelles matières, quelles odeurs me permettront de le décrypter ? Outre son intérêt professionnel, ce voyage sera aussi une belle occasion de m'auto-observer. Je vais en quelque sorte me retrouver plongé dans une expérience sensorielle et esthétique, pour reprendre les mots avec lesquels l'écrivain argentin Jorge Luis Borges évoquait sa propre cécité. S'il est vrai que la privation de la vue oblige à développer une autre sensibilité au monde, pourquoi ne pas tenter de la décrire, de la cerner au plus juste pour en garder la trace ? Raconter mon séjour canadien du point de vue de la « non-vue » serait ainsi l'occasion de répondre à la curiosité du voyant qui s'interroge régulièrement, avec empathie, sur ce que perçoit le non-voyant, sur la façon dont l'aveugle « voit » le monde.

Saurai-je mener à bien cet exercice ? Trouver les mots justes ? L'expérience et son prolongement littéraire en valent-ils la peine ? Toutes ces questions me travaillent depuis des semaines, et m'assaillent de nouveau à présent que le départ approche. Pour y répondre, il n'y a qu'une solution : se mettre en situation. C'est dire combien j'ai hâte de partir. D'ailleurs, ça tombe bien : on décolle !

2

Le quatrième mur

Nous avons dû atteindre notre altitude de croisière. Les passagers sont silencieux. De temps à autre, je perçois les pas rapides d'un membre d'équipage qui va et vient dans notre allée. Je suis assis près d'un hublot et je suppose qu'il n'y a que deux personnes à côté de moi, sur ma gauche : un homme et une femme qui se parlent souvent et semblent très bien se connaître. Soudain, un bruit m'étonne, qui ne m'est pas du tout familier : on dirait comme un papier que l'on froisse ou un « grésillis » de plastique. Ce pourrait être encore un insecte qui frotte ses ailes et se met à virevolter entre les allées. Voici que ce bruit étrange progresse vers nous : qu'est-ce donc ? Je ne le comprends que quand on me met l'objet du délit dans les mains : c'est le bruissement de l'emballage des écouteurs que l'équipage est en train de distribuer aux passagers. Il stationne quelques secondes à notre hauteur, puis son onde feutrée et douce s'éloigne et s'évanouit tout à coup.

J'ai pris le sachet d'un geste machinal. Que vais-je en faire ? Je pourrais certes « regarder » un film, mais il est désormais nécessaire que quelqu'un me décrive l'action quand les images deviennent muettes. Personne ici pour me rendre ce service. À moins qu'ils proposent des films en audio-description ? C'est un nouveau procédé qui, au moyen d'une voix off, décrit les éléments visuels de l'œuvre. Je doute que cette technique soit déjà arrivée dans cet avion.

De toute façon, ça ne me dit rien. Pas plus que d'écouter de la musique. Pourtant, j'aime bien découvrir les styles musicaux proposés aux passagers. Mais je sais que ça va être compliqué pour les écouteurs : il va falloir qu'une hôtesse vienne me les installer, m'apprendre à me servir de la télécommande, me montrer comment choisir un canal, etc. Cela va prendre du temps et je vais être l'attraction du coin. Je préfère me réfugier dans la lecture. Ces derniers jours, j'ai commencé un livre passionnant : *Le Quatrième Mur*, de Sorj Chalandon, l'histoire extraordinaire d'un homme qui, en pleine guerre du Liban, tente de monter à Beyrouth la fameuse pièce de Jean Anouilh, *Antigone*. Il cherche à recruter des acteurs provenant des différentes communautés en conflit de sorte que ceux-ci, au moins deux heures durant, soient ensemble non plus pour faire la guerre mais pour faire du théâtre.

Je place sur mes oreilles les écouteurs dont je ne me sépare jamais ; je les branche à un petit appareil formidable pour la lecture audio. Chaque fois que je m'en sers, je me dis qu'il vaut mieux être aveugle en ce début de XXIe siècle que trente ans plus tôt, pour ne rien dire des siècles passés. Les nouvelles technologies profitent aussi aux non-voyants ; pas aussi vite, pas aussi bien qu'aux autres, mais quand même. Ainsi, je ne me sépare pas de mon Plextalk : plat et léger, il ressemble à une télécommande. Il a été entièrement conçu pour des utilisateurs non voyants. On n'y trouve pas de ces surfaces lisses, sans repères, dont les smartphones sont équipés. Les doigts peuvent repérer des petites touches légèrement bombées qu'il est aisé d'actionner pour naviguer dans le menu. Mon appareil me permet ainsi d'écouter de la musique ou des livres enregistrés au format MP3. Le bonheur est encore plus grand quand le livre a été lu selon le procédé DAISY, une norme d'enregistrement qui reconstitue les chapitres et les sections du livre, indique les pages comme dans la version papier, restitue ses notes de bas de page, etc. Avec cet appareil, qui tient dans une poche, je peux encore prendre des notes, faire des commentaires dans le texte – bref, avoir une lecture active. Je me plonge donc dans l'univers de Beyrouth en guerre et dans le projet fou du narrateur, Georges, qui se rend de quartier en quartier, parfois au péril de sa vie, pour réunir les futurs acteurs de la pièce. Antigone sera palestinienne et Créon maronite.

Une odeur m'extrait bientôt de ma lecture. Pas de doute : elle annonce l'arrivée des plateaux-repas. Je cherche à identifier ce qu'on va nous servir. Pas facile : je ne saurais dire par exemple si ce sera du poisson ou une viande. On verra bien. En tout cas, cette odeur de réchauffé met comme de la gaieté dans la cabine. Ça me va bien : je commençais à avoir faim.

Le chariot arrive à la hauteur de notre rangée. « Voulez-vous des pâtes au saumon ou du poulet basquaise ? » Pour moi, ce sera les pâtes. Avec le poulet, il y aura une sauce et je ne vais pas prendre le risque d'en renverser sur mon pantalon. On me donne mon plateau et vient le temps de l'auscultation. À l'aide de mes mains, je tente de me figurer son agencement. Je cherche à en avoir une représentation spatiale précise, à bien localiser les barquettes. Tiens, celle-ci est tiède, rectangulaire, dotée d'un couvercle en aluminium : ce doit être les pâtes. J'en détecte une autre juste à droite, qui est ronde et enveloppée d'un simple film plastique.

« Ce que vous touchez là, c'est l'entrée : un peu de tomates avec des betteraves », m'explique la dame assise à côté de moi, qui a dû remarquer mes tâtonnements et mes maladresses.

« C'est gentil, madame ; vous savez, je n'y vois pas.

– Mais vous y voyez quand même un peu ?

– Non.

– Alors rien du tout ?

– Rien du tout. »

Silence. Silence prolongé. La rudesse de ma réponse la met dans l'embarras. Cela doit susciter chez elle un sentiment immédiat de compassion ou raviver je ne sais quelle inquiétude pour elle ou pour un proche qui a aussi des problèmes de vue. J'aurais pu la rassurer, la ménager, en déclarant : « Oui, j'y vois encore un peu », ou ajouter sur le ton de la plaisanterie : « Vous savez, j'ai de beaux restes ! » En général, cela fait sourire l'interlocuteur. J'ai souvent dit cela par le passé, mais je n'en ai plus envie aujourd'hui. Tout simplement parce que c'est devenu faux et je ne souhaite pas être dans le mensonge. Mentir à l'autre, ce serait me mentir à moi-même.

La dame reprend : « Voulez-vous que je vous aide en quelque chose ? » Je la remercie et lui dis que ça devrait aller. Je dois seulement être bien concentré, faire des gestes précis et assez lents. Sinon, badaboum : le plateau, ou l'une de ses barquettes, risque de se retrouver par terre. Il y a longtemps que ça ne m'est pas arrivé, mais on n'est jamais assez prudent. Même risque pour la petite bouteille de vin que je viens de commander. D'ailleurs, elle représente le plus grand danger. Elle surplombe votre plateau avec son goulot insolent et, si vous n'y prenez garde, il vous attrape : la main vient à l'accrocher et la petite bouteille part à la renverse, ricanant de votre maladresse. Bonjour les dégâts ! Donc, obligation absolue : laisser le bouchon bien fermé sur le goulot ; quand vous voulez boire, verser un peu du précieux breuvage dans votre verre en contrôlant la quantité à l'oreille et au poids dans la main, boire la totalité du liquide versé de manière à ce qu'il n'y ait pas non plus de risque du côté du verre qui, lui aussi, peut vous jouer un vilain tour, reboucher tout de suite la bouteille, puis recommencer l'opération jusqu'à la consommation définitive de son contenu. Je suis certain que la dame jette de temps en temps un coup d'œil de mon côté pour observer comment je me débrouille. Impeccable : cette fois-ci, je m'en sors très bien et voilà que l'équipage nous propose déjà un café.

La dame se remet alors à me poser des questions :

« Puis-je vous demander ce que vous allez faire au Canada ?

– Je vais enseigner à l'université de Montréal.

– Et dans quel domaine ?

– Mon cours portera sur un sujet un peu lourd : les génocides. Et vous ?

– Nous allons voir ma fille, qui vit à Montréal. Auparavant, mon mari et moi étions dans le prêt-à-porter. Notre magasin se trouvait rue du Faubourg-du-Temple. Vous imaginez bien que nous nous sentons concernés par la Shoah. Nous sommes juifs. »

Je lui apprends que je travaille sur l'histoire de ce génocide depuis des années et que je me rends régulièrement au Mémorial de la Shoah. Soudain, quelque chose nous relie, quelque chose de grave, mais qui fait sens entre nous. J'ai plus d'intérêt à discuter avec elle tandis qu'elle me découvre sous un autre jour. Son mari nous a entendus et se mêle à la conversation. Il me parle tout de suite de sa maman : elle a été dénoncée en 1944 puis déportée sans retour dans le 71ᵉ convoi, le même que celui de Simone Veil, précise-t-il. Voici peu, il a participé à la cérémonie en mémoire de ces déportés juifs morts à Auschwitz, au cours de laquelle il a lu la liste de leurs noms en compagnie de Serge Klarsfeld. « C'est important de se souvenir », me dit-il. Il ne manque pas non plus de se rendre chaque année à la cérémonie en mémoire de la « rafle du Vel' d'Hiv », qui…

« Vous avez dit Vel' d'Hiv ? »

Une autre voix vient de s'immiscer dans notre discussion. Je crois bien reconnaître celle du steward, qui enchaîne à toute vitesse : « Ça m'intéresserait de parler avec vous, mais je dois assurer mon service. Je vais revenir vous voir. »

Le monsieur et la dame sont un peu surpris et moi aussi. Ce n'est quand même pas banal de me retrouver dans cet avion, juste à côté de ce couple juif, avec de surcroît un membre de l'équipage qui ne demande qu'à nous rejoindre pour parler de la Shoah. On va carrément faire un séminaire…

Je demande au monsieur ce qui lui est arrivé après l'arrestation de sa mère. Il a eu de la chance, me dit-il : il a été caché d'abord en Seine-et-Marne puis dans les Ardennes. Son épouse me parle aussi de sa famille. Ses parents ont survécu en France mais elle a perdu son oncle et sa tante, morts en déportation. Comme son futur mari, elle a eu de la chance : on l'a cachée dans un orphelinat catholique. Je connais assez bien l'histoire des enfants cachés, leur dis-je, en particulier l'action de l'Œuvre de secours aux enfants. Eux aussi, et ils sont contents que je sache le rôle de cette organisation qui a placé des enfants juifs dans des familles ou des institutions chrétiennes durant l'Occupation. Je me suis un peu trompé sur leurs âges respectifs. Je leur donnais à peine 70 ans, mais ils doivent avoir un peu plus. Le son de la voix vous fournit des indications utiles mais approximatives.

Le steward nous a rejoints et engage aussitôt la conversation avec le monsieur. Pendant ce temps, je continue de parler avec son épouse. Quand elle apprend que j'ai écrit un livre sur les juifs dans la France occupée[1], elle me pose question sur question. J'ai tendance à m'animer et sans doute à parler un peu plus fort. Il est certain que nos voisins en profitent... Le steward et le monsieur ne sont d'ailleurs pas plus discrets que nous... Aurais-je jamais imaginé une telle scène avant mon départ ? Vraiment non. Y a-t-il des hasards dans l'existence qui n'en sont pas ? Le steward

1. Jacques Semelin, *Persécutions et entraides dans la France occupée*, Seuil/Les Arènes, 2013.

m'intrigue : je suis curieux de savoir pour quelles raisons il se passionne pour un tel sujet.

« Il n'y a rien dans ma famille qui puisse l'expliquer, me précise-t-il. Je suis de Clermont-Ferrand et de religion catholique. Mais justement, je me sens concerné. Je lis des livres, je vais voir des films ou des expositions sur la Seconde Guerre mondiale. Tenez, non loin de Clermont, un centre de mémoire s'est ouvert au Chambon-sur-Lignon où on a caché des juifs. Je projette d'y faire un tour cet été avec des amis. »

Je connais bien ce lieu, lui dis-je, d'autant que j'ai participé à la création du centre de mémoire, avec d'autres collègues historiens. Il n'en revient pas et me lance : « C'est extraordinaire ! Il faut qu'on se parle. Je vais revenir vous voir ; mais je dois reprendre mon service. » On l'entend dire en s'éloignant, comme s'il se parlait à lui-même : « Quelles belles rencontres ! Quelles belles rencontres ! »

Il n'est jamais revenu : trop occupé sans doute par les préparatifs de l'atterrissage. Car le pilote vient juste d'annoncer que notre avion se rapproche de Montréal. Le steward parti, nous ressentons moins d'entrain à poursuivre la conversation. Le silence commence à s'installer entre nous. Chacun semble plongé dans ses réflexions personnelles. Quand, tout à coup, la dame me déclare : « Alors, dans votre travail, ça ne doit pas être très gai non plus ? » Le ton est celui de l'évidence, celle d'une conclusion logique, à laquelle elle vient de parvenir au terme de notre échange. La dame cherche néanmoins à en avoir une confirmation. Sa voix est un peu remontée à la fin de la phrase, en guise d'interrogation. Je ne m'attendais pas à cette remarque : la fulgurance de ses mots me surprend et je cherche à lui dissimuler mon émotion. Rares sont les personnes qui mettent ainsi en rapport mes travaux sur le génocide et la perte de mes yeux. Voici que cette dame, qui me connaît à peine, va droit au but. Tout le sens de son observation tient bien sûr à cette expression finale, et capitale : « non plus ».

Devrais-je donc être doublement triste ? Pourquoi le cacher ? Je le suis en effet. Mais ces deux tristesses n'ont rien en commun. La première touche à l'homme en général, dont je comprends mieux aujourd'hui l'incroyable faculté à s'autodétruire. Quelles leçons l'humanité a-t-elle donc retirées de la Seconde Guerre mondiale ? On a déclaré et redéclaré : « Plus jamais ça », et pourtant, nombre de crimes de masse se sont produits depuis Auschwitz et Hiroshima, que ce soit en Indonésie ou au Cambodge, au Guatemala ou au Pérou, au Rwanda ou au Soudan, en Bosnie ou en Tchétchénie, et j'en passe. En ce début de XXIe siècle, l'actualité internationale n'encourage guère à l'optimisme. Le spectre du génocide n'est pas derrière nous : il est devant.

Quant à l'autre tristesse, elle ne concerne que moi. En regard de la précédente, elle est infinitésimale. Mais ses conséquences sont immenses sur mon existence, au quotidien. Je pense d'abord aux personnes de mon entourage, famille et amis qui, précisément, se désolent que je n'y voie plus. Bien sûr, je les sais contents de me voir me débrouiller, mais cela ne peut effacer chez eux le secret regret de me savoir ainsi. Car je vis chaque jour au cœur de cette perception physique du désastre. J'évolue à l'intérieur d'un monde qui s'est écroulé et dont les ruines m'enferment désormais dans une forteresse de gris. Et si je devais avouer ma plus grande cause de tristesse au monde, celle qui me révolte et me révoltera jusqu'à mon dernier souffle, c'est de n'avoir jamais vu le regard ni le visage de mes filles.

Serais-je accablé au point de ne plus rien entreprendre ? J'aimerais que ma vie soit une démonstration du contraire. J'aimerais que mon appétit de vivre soit toujours plus fort. La remarque de la dame m'a d'ailleurs fait prendre conscience que je cherche à jouer de ces deux tristesses pour en « sortir » par le haut. Par exemple, quand je fais une conférence sur le génocide, il m'arrive de prendre le public à témoin. Sans m'appesantir, je déclare à l'auditoire : « Vous vous demandez sans doute pourquoi je travaille sur un sujet aussi lourd ? Bonne question ! Mais dans mon cas, comme je n'y vois pas, c'est un peu plus facile : au moins je peux regarder les choses en face ! » En général, je récolte quelques rires dans l'assistance. Le message est passé. D'un point de vue pratique, cela me permet aussi, au passage, de glisser un mot sur ma condition à destination des personnes qui ne me connaissent pas. À la fin de la rencontre, quand le conférencier dédicace ses livres et échange avec ceux qui le souhaitent, personne ne s'étonne ainsi de me voir faire des gestes hésitants, voire d'être guidé. D'un point de vue symbolique, cela revient à envoyer un autre message : celui d'un homme qui cherche à ne pas se lamenter sur son sort, à y faire face avec un peu d'humour. Seul l'humour, voire le sens de la dérision, redonnent de la légèreté à être.

Je n'ai rien dit à la dame de tout cela. Je lui ai répondu quelque chose de banal, comme : « Oh, il ne faut pas exagérer. Ça va quand même. » Je ne suis pas certain que ma réponse l'ait satisfaite. Quoi qu'il en soit, nous avons été ravis de passer ce moment ensemble : le vol nous a paru plus court et nous nous le disons au moment de prendre congé avant l'atterrissage.

3

Accepter d'être aidé

Pour les personnes dans mon genre, le débarquement des passagers est toujours le moment le plus imprévisible. À l'embarquement, il est certain qu'on viendra vous chercher dans les temps : l'avion ne décollera pas sans vous. Pour le débarquement, c'est une autre affaire : le temps est plus élastique. Il faut laisser partir les autres et puis attendre votre tour, je veux dire l'arrivée de votre escorte ou de votre fauteuil. J'ai en mémoire un bien mauvais souvenir d'un retour à Roissy, après vingt heures de voyage, où l'assistance a bien failli ne jamais arriver !

Aujourd'hui, je tente le coup : je me glisse dans le flot des passagers avançant vers la sortie, sachant que le moment fatidique sera mon passage devant les membres d'équipage regroupés près de la porte de l'appareil. Nous progressons lentement en file indienne et j'arrive à leur hauteur : je les entends saluer les passagers. C'est comme si je me présentais devant une barrière : ou bien on va me demander de patienter, ou bien l'assistance est là, et bye bye, vive la liberté !

Que va donc me réserver Montréal ? Chance : quelqu'un m'attend déjà ! Je suis ravi, mais qui ? Avec ou sans fauteuil ? C'est un jeune homme, à la voix un peu fluette, qui me prend en charge. Serait-il un peu timide ? Je comprends qu'il n'a rien emporté avec lui, que sa personne, si j'ose dire. Le bonheur. Sa marche est plutôt rapide et il me demande si ça me dérange. Pas du tout, au contraire : j'ai besoin de me dégourdir les jambes. Donc nous marchons assez vite : on enfile des couloirs et des ascenseurs. On passe des contrôles. En quelques minutes, nous voici déjà à l'Office de l'immigration, où je dois recevoir mon permis de travail temporaire.

Sitôt entré dans ce lieu, changement d'ambiance. C'est du sérieux : on pénètre dans du silence ; plus aucun bruit d'aéroport dans les oreilles. Le jeune homme se fond dans l'atmosphère. Il ne fait qu'effleurer la moquette en marchant et il me parle tout bas. Quand même, on n'est pas dans une église ! Le sort des candidats à l'immigration doit se jouer dans cette salle. Il faut prendre un numéro et attendre son tour. Le jeune homme repère deux sièges disponibles : nous nous asseyons côte à côte, et il n'y a plus qu'à prendre son mal en patience.

J'en profite alors pour écouter la salle. À mon avis, elle est assez grande et plutôt confortable. Aucune idée du nombre de personnes qui sont là comme moi. On doit être assez nombreux puisqu'il faut prendre un numéro. Ah, une voix parle dans un micro : « Trente-huit, *thirty-eight.* » La voix répète le chiffre dans les deux langues. C'est une voix de femme, professionnelle, sans âme. J'ai l'impression d'entendre un automate. Nous avons le numéro 61 : ça va quand même être un peu long.

Du coup, je vais envoyer un texto à Lydie pour lui dire que je suis bien arrivé. Je sors de mon sac le Samsung Android dont j'ai fait récemment l'acquisition. J'ai longtemps hésité avec le iPhone d'Apple. Ces appareils sont d'un usage compliqué pour les non-voyants, en raison d'un simple détail : ils sont lisses. De tels outils, derniers cris de notre modernité, commodes d'emploi pour celui qui voit, sont une catastrophe pour celui qui ne voit pas. Ce sont les instruments quotidiens d'une dictature qui ne dit pas son nom et qui transcende les régimes politiques : celle de l'image. Il est vrai qu'Apple a intégré un logiciel vocal pour pallier cette faille. Aux États-Unis, une loi interdit en principe de mettre sur le marché des produits introduisant une discrimination entre les consommateurs. Mais il faut quand même des heures et des heures de formation aux non-voyants pour se familiariser avec l'appareil. Sans compter qu'ils doivent parler à leur machine pour envoyer un texto : vive la discrétion ! Ce système vocal n'est donc qu'une sorte de prothèse pour permettre l'accès à un objet d'abord conçu pour répondre à l'énorme marché des voyants. Alors, à quand le smartphone vraiment conçu pour des non-voyants ? Comment se fait-il que Steve Jobs n'y ait pas pensé ? Cela aurait aussi été une première, et quelle belle image pour Apple ! Ah oui, je comprends : le marché est trop étroit, pas assez de bénéfices en retour. Donc aucun intérêt !

Depuis peu de temps, les non-voyants disposent cependant d'une autre option. Une jeune entreprise française, Telorion, a eu la bonne idée de créer une coque très légère qui s'adapte sur un Samsung. L'usager retrouve le cadran rectangulaire d'un téléphone, sauf que ses touches sont en creux. Les doigts viennent donc se loger dans de petits trous créés par la grille de la coque : ils peuvent dès lors actionner aisément les options des menus, sonorisés par une synthèse vocale. Il fallait y penser… Le système ne permet cependant pas d'installer n'importe quelle application : il conserve une certaine rigidité. Mais c'est quand même une belle innovation pour les mal ou non-voyants.

Je sors mon appareil en prévenant le jeune homme que j'utilise un smartphone un peu spécial. Il me corrige aussitôt : « Vous voulez dire un téléphone intelligent ? » Oui, oui, c'est ça. Jamais utilisé cette expression. Elle sonne un peu étrange à mes oreilles de Français, mais tombe sous le sens. Eh oui, je viens d'arriver au Québec, où l'on veille à inventer des équivalents français aux expressions anglophones.

Je sens le jeune homme intéressé et lui donne quelques explications. En guise d'exercice pratique, j'envoie mon texto. Intrigué, il me demande de lui prêter l'appareil pour le manipuler un peu. J'entends qu'il teste les touches et, un instant plus tard, il me le rend et déclare : « C'est bon ! » Pourtant, mon téléphone ne se mange pas, mais je comprends qu'il veut dire : « C'est bien ! » Je vais vite faire des progrès en québécois.

Voici que la dame robotisée appelle notre numéro. Le jeune homme me guide vers elle. J'avais imaginé qu'on devait s'asseoir pour l'examen de son dossier, mais non : on reste debout devant un guichet. Je donne la lettre de l'ambassade du Canada qui précise ma mission à l'université de Montréal. Examen rapide du dossier : j'entends le *clic clic* de la souris de l'ordinateur. La dame a dû voir que le jeune homme m'avait conduit vers elle. Mais pas de remarque sur ma condition. Elle me demande mon passeport pour y agrafer un document. C'et fini : je suis bon pour faire partager ma science dans la Belle Province.

Reste encore la dernière étape : celle de la récupération de ma valise. Qu'est-ce que j'ai pu angoisser à ce propos ! Voici des années, alors que j'y voyais toujours un peu, je n'avais pas encore osé solliciter une assistance dans les aéroports. Je me rapprochais le plus possible du tapis pour observer ces masses noires, grises, bleues, qui défilaient devant moi. Elles se ressemblaient toutes. Je restais là, à en scruter les formes, ne sachant déterminer si mon propre bagage était déjà en train de faire sa ronde sur le tapis roulant. Puis ce moment est venu où je me suis mis à les toucher, à les palper, à les tâter pour identifier quelle pouvait être parmi ces taches mouvantes, que mon regard blessé parvenait encore à percevoir, celle qui, unique entre toutes, contenait mes habits et ma vie. Les gens devaient me trouver bizarre. Je finissais par attendre que le tourniquet soit presque vide pour enfin attraper la mienne.

Que d'anxiété et d'obstination pour rien ! Il existait une solution évidente pour surmonter cette épreuve. Mais je ne voulais pas l'envisager. Je ne parvenais même pas à l'imaginer puisqu'elle impliquait un saut psychologique alors inconcevable. J'avais en effet atteint ce stade où je devais être aidé (un besoin exacerbé dans cette situation de récupération des bagages, mais qui déterminait de plus en plus de situations de ma vie quotidienne), plus exactement où il me fallait *accepter d'être aidé*, ce qui n'est pas tout à fait la même chose.

Car l'individu exerce parfois une résistance farouche à se faire aider. Si, il peut y arriver seul ! Laissez-le donc tranquille ! Il peut le faire ! C'est pour lui une question de fierté, sinon d'honneur !

Observons que pour d'autres, il s'agit bien plutôt d'une question de confort, voire de luxe. Ainsi des gens très riches n'hésitent pas du tout, eux, à se faire aider. Ils en ont les moyens et ils en profitent. C'est pourquoi ils recrutent le personnel destiné à les servir. Leurs employés représentent le signe tangible de leur fortune, la marque affichée de leur « supériorité » sociale et financière. Mais dans mon cas, se faire aider conduit bien plutôt à reconnaître un effondrement de soi. On ne peut plus faire ceci ou cela. Telle partie du corps, tel organe, tel sens, ne répond plus comme « avant ». Se faire aider revient ici à devoir admettre son « infériorité » physique en quelque chose, une infirmité, en somme. Quel mot horrible ! Je ne sais pourquoi ou je le sais trop bien, il a quelque chose qui plombe, quelque chose qui tue.

Cette évolution engendre un bouleversement psychique profond et douloureux. Chacun peut en faire l'expérience quand il perd ses moyens à la suite d'un accident ou d'une maladie. On se retrouve dans un état de dépendance, non pas occasionnelle, ponctuelle, mais constante et répétée. La détresse et la panique vous guettent et rongent le moral. C'est là une tragédie personnelle, souvent familiale. Je garde en mémoire le témoignage de ce cadre d'une grande entreprise qui se savait atteint d'une grave maladie aux yeux et faisait tout pour le dissimuler à ses collègues. Or, son poste l'obligeait à beaucoup voyager. Un jour qu'il cherchait à sortir de l'aéroport d'Orly pour aller prendre un taxi, il s'y est perdu, ne parvenant plus à lire les indications. Cet homme encore jeune – il avait une quarantaine d'années – en a conclu qu'il était « fini ». Il est alors entré dans une grave dépression et a finalement été licencié.

Comment empêcher ce naufrage de soi ? Il n'y a pas de recettes. La seule issue viable, il me semble, est encore de tendre la main pour qu'un autre la saisisse et vous évite de couler. Au moins vous aidera-t-il à maintenir la tête hors de l'eau, et peut-être fera-t-il plus : il vous apprendra petit à petit à nager avec un autre « mental », celui de votre dépendance assumée. Dès lors, il se produit une mutation de soi, on en a un peu honte, on hésite encore mais on franchit le pas : on se déclare comme aveugle (*blind*) au moment de la réservation d'un billet d'avion. Alors tout devient plus facile, car on va être aidé. Au diable cette inquiétude, cette crainte de vous mettre dans des situations dont vous ne pouvez plus sortir vainqueur. La récupération de vos bagages cesse d'être un problème. Il y aura quelqu'un pour vous assister. Il suffira d'apposer sur la valise un signe distinctif qui permettra à l'employé de l'identifier. C'est aussi simple que ça, mais la mutation psychologique pour accepter cette nouvelle situation, elle, ne l'est pas. Ce jour-là, ma valise était donc décorée avec un magnifique Scotch jaune fluo, sans doute du plus bel effet... Quand les bagages sont arrivés, le jeune homme ne pouvait pas la rater.

Nous nous sommes aussitôt dirigés vers la sortie où l'on devait m'attendre. Car j'ai précisément souhaité une aide pour mes premiers pas dans Montréal. Je n'ai pas eu envie de jouer au héros : qu'au moins quelqu'un vienne me chercher à l'aéroport et m'accompagne dans mes premières démarches. J'avais d'ailleurs procédé de la même manière quand, voici des années, j'avais été invité à Harvard, alors que j'y voyais encore un peu. C'était Rachel, la directrice du Carroll Center for the Blind, situé non loin de Boston, qui m'avait alors apporté une aide exceptionnelle. Aujourd'hui, c'est Diane, la présidente de l'association Vues et Voix, qui s'est proposée pour m'accueillir.

Tandis que nous approchons de la sortie, j'entends tout à coup un : « Bienvenue à Montréal ! » Alors là ! Plus possible d'avoir le moindre doute quant à l'endroit du monde où je viens d'atterrir : Diane possède un savoureux accent québécois qui vous met tout de suite au diapason de son pays. Au premier contact, sa voix, claire et bien timbrée, dégage une impression d'énergie et de gaieté. Je prends congé du jeune homme en le remerciant encore, puis Diane m'emmène vers le parc de stationnement de l'aéroport.

Elle ne dispose pas de voiture, m'apprend-elle, mais a pu emprunter celle de son *chum*. De son quoi ? Je sens que je vais encore enrichir mon vocabulaire. Je cherche en vain le sens de ce mot. « Cela veut dire mon petit ami ou mon amoureux », m'explique-t-elle. On peut encore l'utiliser pour désigner une très bonne amie : « ma *chum* de fille ». Étrange, ce terme… Je serais curieux d'en connaître l'origine.

« Ici, toutes les conversations tournent autour du temps, me précise Diane. L'hiver a été très long et très froid. On espérait le printemps avec impatience, mais il n'est pas encore là alors que nous sommes déjà en mai. Tout le monde est déprimé parce qu'on est passé de la neige à la pluie et que le ciel reste d'un gris assommant. » Il est vrai que je suis surpris par la fraîcheur de la température : on supporte encore un manteau. Nous voici déjà sur l'autoroute qui conduit au centre-ville de Montréal.

Je lui exprime toute ma reconnaissance pour être venue me chercher, d'autant qu'il n'entre pas dans les attributions de son association de rendre ce service. La raison d'être de Vues et Voix est d'enregistrer des livres pour les non-voyants du Québec. Jusqu'en 2011, cette organisation portait d'ailleurs un autre nom : la Magnétothèque – allusion évidente au magnétophone, appareil qui n'est quasiment plus utilisé aujourd'hui. J'ai bien cherché à contacter d'autres associations prenant en charge les non-voyants, dont les missions auraient mieux correspondu à mon attente, mais sans succès. N'étant ni canadien, ni résident de Montréal, je n'avais droit à rien. Je ne m'attendais pas à un tel refus, compte tenu de la réputation d'ouverture de ce pays envers le handicap. Aussi me suis-je tourné vers Vues et Voix, où mon nom n'était pas inconnu, cette association m'ayant invité, quelques années plus tôt, à participer à un colloque international. Ce bref séjour m'avait aussi valu d'être reçu à Radio Canada dans la célèbre émission matinale de Christiane Charette.

Diane se souvient de tout cela et venir me chercher à l'aéroport ne lui posait pas de problème. Je l'interroge sur le paysage que nous sommes en train de traverser : « On aperçoit des bâtiments industriels, des stations d'essence, d'immenses panneaux publicitaires, rien de *ben ben excitant*, comme on dirait ici... », m'explique-t-elle. En centre-ville, elle prend la direction de Rosemont, où j'ai loué un studio. D'après Diane, je devrais m'y plaire. C'est un quartier très vivant de Montréal, en voie de « gentrification ».

Une question me préoccupe depuis des semaines et je souhaite en parler à Diane avant que nous arrivions à destination. Il s'agit de mes futurs rapports avec ma propriétaire. Depuis Paris, mon épouse m'avait en effet aidé à louer un petit appartement. Tout s'était fait par Internet : à la suite de quelques mails, pardon de quelques « courriels », l'affaire avait été vite réglée, après versement d'une caution. La propriétaire était alors engagée et moi aussi.

Mais il me semblait important de la prévenir de mon « problème » de vue. Comment procéder ? Un simple message électronique ? Trop brutal et impersonnel. Sachant que je venais seul, elle risquait en outre de paniquer. J'ai donc préféré lui téléphoner sous le prétexte de nous entendre sur l'heure de mon arrivée : communiquer avec elle « en direct » me permettrait de la rassurer aussitôt.

Le jour dit, je me suis donc efforcé d'aborder la question sans dramatiser, l'air de rien. Après quelques considérations météorologiques d'usage (« ce temps si déprimant à Montréal », « je vous conseille de prendre avec vous des vêtements chauds »), j'ai glissé dans la conversation : « Je dois vous prévenir, vous savez, je n'y vois pas beaucoup mais, ne vous en faites pas, je me débrouillerai. » Silence immédiat au téléphone. Puis reprise : « Ah bon ? Mais mon appartement n'est pas du tout adapté pour vous. Comment allez-vous faire ? » Boutons électriques, escalier, agencement du mobilier, etc. : elle a passé en revue tout ce qui, dans son logement, se transformait soudain en obstacle insurmontable – sans que je parvienne à la rassurer. Voilà pourquoi j'ai demandé à Diane, pour mon entrée dans les lieux, de faire office de médiatrice entre moi-même et cette anxieuse propriétaire…

4

À tâtons

Nous arrivons dans le quartier Rosemont à l'adresse indiquée. Coup de sonnette, la porte s'ouvre : « Bonjour ! Vous avez été vite depuis l'aéroport, je ne vous attendais pas si tôt ! Entrez, je vous en prie… »

La voix est agréable et accueillante. Juste ce qu'il faut. C'est bien la propriétaire qui nous accueille en personne. Sitôt entrés, il nous faut monter un escalier assez raide qui sent un peu le vieux. Elle s'y engage, je lui emboîte le pas avec ma grosse valise et mon sac à dos tandis que Diane nous suit. Pas le temps de compter les marches, j'entends déjà : « C'est ici ! »

Je m'efforce de graver cet instant dans ma tête pour y enregistrer la perception première de ce lieu où je vais vivre durant deux mois. Le studio n'a pas l'air bien grand : une pièce ? deux pièces ? Ça sent plutôt le propre, mais pas le neuf. Je suis la voix de la propriétaire et, après quelques pas, je bute sur le lit. J'en profite pour y déposer mes bagages. Ouf ! On se sent tout de suite plus léger.

« Vous avez ici un petit salon, une penderie, etc. » Puis elle passe devant moi pour rejoindre un autre coin du studio. J'épouse son mouvement et j'avance un peu. Ma jambe droite frôle une table, je la touche avec l'une de mes mains. On doit être dans la cuisine puisqu'elle me parle de la plaque électrique, à laquelle je dois faire très attention. Elle se lance dans des explications sur ceci ou cela, mais ça va trop vite. Je ne suis pas certain de tout retenir. Heureusement, Diane semble plus attentive et lui demande quelques éclaircissements.

J'ai l'impression de « flotter » dans un espace dont je ne saisis pas encore les contours. C'est comme si j'étais au milieu d'une masse informe composée d'îlots stables : le lit, la table, l'évier, la salle de bains. Ces éléments me paraissent désarticulés dans un espace qui reste flou, donc énigmatique. Dans le même temps, mon esprit est inondé par le robinet sonore de la propriétaire qui déverse des flots de mots, lesquels ne s'organisent pas encore dans mon cerveau. Ils y filent, glissent et rebondissent ; seuls quelques-uns viennent se nicher dans ma mémoire.

Tout à coup, un jet de paroles plus incisif envahit l'atmosphère : « Faites très attention à l'escalier ; mon appartement n'est pas adapté pour vous. » La voix s'est crispée et quelque chose se raidit entre nous. Je repense aussitôt à notre première conversation téléphonique depuis Paris. Ce serait donc là, dans cet escalier par lequel nous sommes montés, que s'ancrerait sa peur ? Il est vrai qu'il est mal placé. Ses dernières marches débouchent directement dans ce que je suppose être la cuisine. Un jour où je serais un peu endormi, je pourrais en effet y tomber. En théorie, la propriétaire a raison de le craindre. Par expérience, je sais que j'intégrerai vite son emplacement et qu'il y a donc en réalité peu de risques. Je le lui dis aussitôt mais, comme la première fois, elle n'a pas l'air convaincue. Les personnes qui n'ont pas l'habitude de côtoyer des non-voyants ont souvent tendance à craindre le pire pour leur sécurité – à tort. À moins que ce qui la préoccupe soit surtout les possibles ennuis qu'elle aurait avec son assurance si ce locataire un peu spécial avait un accident chez elle ?

Depuis que la propriétaire a évoqué ce danger de l'escalier, elle se tourne souvent vers Diane pour donner ses instructions. C'est elle qui devient sa principale interlocutrice. Je me trouve peu à peu comme poussé en dehors de la scène, dont je ne deviens qu'un figurant. Quand par exemple la propriétaire ouvre la porte du cagibi contenant la machine à laver, Diane, à qui elle continue de s'adresser, s'en rapproche spontanément pour voir les boutons de commande. Mais comme l'espace dans ce local est réduit, on ne peut y entrer à trois, et il n'y a pas de place pour moi. Me voici donc évincé derrière les deux femmes qui regardent la machine, physiquement exclu de l'explication… alors que je suis le premier concerné ! Pourtant, la propriétaire sait très bien qui va habiter ce studio. Mais non, elle laisse sous-entendre que « c'est trop difficile », que « je ne vais pas pouvoir comprendre ». La manipulation de cette machine est-elle si compliquée que ça ?

Mais ce n'est là qu'un prélude, elle a gardé le pire pour la fin : les poubelles ! Sa voix se fait plus catégorique. Je l'entends déclarer : « Il ne va pas pouvoir. » (Tiens, je suis devenu « il » ? Une troisième personne ne pouvant assumer son statut de locataire responsable...) Pour descendre la poubelle, explique-t-elle, il faut sortir par cette autre porte qui conduit à un escalier très raide, lequel débouche sur une petite rue. Alors là, elle en est certaine, « c'est impossible qu'*il* descende de ce côté, c'est trop dangereux ». Ce souci de ma sécurité n'a pour effet que de me figer sur place (je suis certes aveugle, mais avec elle, me voici en plus paralytique !). Donc, c'est à Diane qu'elle demande de la suivre pour lui montrer l'endroit où l'on met les poubelles, et je reste là, les bras ballants, seul et désemparé. J'aurai dû me révolter et dire : « Eh ! C'est moi qui vais habiter ici ! C'est à moi qu'il faut vous adresser ! » Mais j'étais trop fatigué et je savais que Diane m'expliquerait plus tard. En tout cas, ma conviction est faite : si j'avais prévenu cette dame de ma situation avant qu'elle s'engage à me louer ce studio, je l'attendrais encore.

Les deux femmes remontent de l'expédition poubelles. La propriétaire me parle maintenant de la connexion Internet. Elle s'adresse directement à moi, cette fois-ci, pour me proposer de me l'installer sur mon ordinateur. Je suis surpris et apprécie sa démarche. Mais mon soulagement est de courte durée, car elle a beau faire et refaire les opérations, retaper le code d'accès au WiFi, se concentrer sur la tâche… cela ne marche pas. Mon ordinateur reconnaît bien le modem installé dans l'appartement, mais la connexion ne se fait pas. On y reste une bonne demi-heure, mais c'est l'échec. La propriétaire est perplexe et désolée (« cela s'est déjà produit avec un professeur français ») ; elle s'excuse de n'être pas une « virtuose de l'informatique »… « À l'université, ils vont certainement trouver une solution et on essaiera à nouveau », me promet-elle. Elle m'apparaît subitement plus sympathique. Je lui sais gré d'avoir tenté de m'aider et je le lui dis. Mais alors, l'angoisse me gagne et bascule aussi de mon côté. J'imagine le pire : si je ne pouvais pas me servir d'Internet depuis cet appartement, ce serait la catastrophe. On signe le contrat de location et la propriétaire prend congé.

Pour me remettre de mes émotions, Diane propose que nous allions prendre un thé puis elle m'aidera à retirer de l'argent. Bonne idée : je serais curieux de savoir si je peux me débrouiller seul pour faire cette opération. Nous reprenons la voiture pour aller du côté de la rue Saint-Denis, un quartier très vivant de Montréal. Nous entrons dans un lieu qu'elle semble bien connaître, mais je ne fais pas attention à grand-chose – sauf que l'endroit est calme et agréable. Tandis que

Diane me parle de Vues et Voix, je repense à cette histoire d'ordinateur. Et si ma machine était trop vieille pour se connecter dans ce pays ? Tel un balancier incertain du point de stabilité, tantôt je me rassure, tantôt je crains le pire.

Au guichet automatique, je me demande si le distributeur sera équipé d'un accompagnement vocal, comme c'est parfois le cas en France. À Paris, j'utilise en général un distributeur auquel je peux brancher des écouteurs pour entendre une voix me présenter les options du menu, et faire mes propres choix pour obtenir mes billets. C'est très pratique… du moins quand le système n'est pas en panne. Mais ici, Diane, qui ausculte l'appareil, ne trouve rien qui ressemble à une prise audio. Elle va donc devoir faire les opérations pour moi. J'ai l'impression de subir une petite défaite. La machine se déleste du montant demandé, uniquement en billets de vingt dollars flambant neufs.

Diane m'en glisse un dans la main, m'invitant à poser l'index sur trois petites protubérances, alignées dans un coin du billet. On dirait des points braille disposés en carré. Je détecte sans difficulté leur léger relief : s'il les cherche un instant, le doigt ne peut les rater. Ceci permet d'identifier au toucher un billet de vingt dollars, me précise-t-elle. Elle me passe ensuite deux autres billets, de cinq et dix dollars, qu'elle sort de son portefeuille. Le premier possède seulement un de ces carrés tandis que celui de dix en a deux. On ne peut donc pas les confondre. Pas bête du tout ! Je me demandais justement comment reconnaître ces billets de banque, les pièces de monnaie ne posant pas de problème. Je me mets à préférer les dollars canadiens à leurs cousins américains, dont la valeur est indétectable au toucher.

Nous sommes déjà au milieu de l'après-midi. Diane me reconduit à mon appartement, car il faut qu'elle retourne à son travail : elle tient un magasin d'optique, et des clients vont passer chercher leurs lunettes. Je la remercie chaleureusement et je remonte dans mon studio. Pour la première fois depuis mon départ, je me retrouve seul et je sens la fatigue me gagner. La tentation est grande de m'allonger un peu, mais je risquerais de m'endormir. À éviter à tout prix si je veux m'adapter au décalage horaire. Et puis, j'ai mieux à faire. Je dois explorer mon nouveau « chez-moi ». Je prendrai le temps qu'il faudra pour ausculter ce petit univers, pas à pas, une main après l'autre.

Je me dirige vers l'une de ses extrémités, près de la fenêtre qui donne sur la rue principale. Parvenu au mur, je me retourne et je commence mon exploration systématique : mes mains découvrent la télévision dont m'a parlé la propriétaire. Juste à côté, se trouvent une table de salon et un petit canapé. Je progresse dans la pièce et retrouve le lit. À sa tête, mes mains détectent une longue planche en bois sur laquelle est suspendue une lampe. Elle ne va pas me servir à grand-chose : de toute façon, elle est cassée. Ah ! Sur la gauche du lit, je découvre une porte qui s'ouvre sur une penderie : j'y trouve des cintres et un aspirateur. Je vais pouvoir y ranger mes vestes et mes chaussures. Je reviens au pied du lit et juste devant, je bute sur une commode avec de grands tiroirs. Je suis déjà passé plusieurs fois devant sans la remarquer, pour aller à la cuisine.

Soudain, je réalise que l'appartement est en enfilade : d'un côté, la chambre-salon, et de l'autre, la cuisine avec la salle de bains. Je comprends tout à coup l'organisation de l'espace : ses grosses masses se structurent dans ma tête. J'en éprouve de la joie, d'autant qu'il me sera facile de me repérer dans cet alignement. Je me lance alors dans la découverte de la cuisine.

Son plancher est en bois, je crois, tandis que le sol de la chambre-salon est revêtu de moquette. À droite, se trouve la table que j'ai déjà identifiée. On peut y tenir à six, m'a dit la propriétaire. Ça doit quand même être un peu juste. Sur la gauche, je débusque un four à micro-ondes, dont je cherche les boutons. Zut, ils ne sont pas détectables au toucher, sauf un, dont je sens à peine les contours. Mes doigts glissent sur une surface lisse comme la tablette de l'avion. Un film, je pouvais m'en passer. Mais le micro-ondes, c'est une autre affaire. Je découvre ensuite un grille-pain suivi d'un évier, que jouxte un petit plan de travail. Au fond, il y a une machine à café, près du mur. Suspense : comment fonctionne-t-elle ? Je la tâte pour en percer les mystères. Ça ira : elle n'est pas si farouche. Puis mes mains arrivent à la fameuse plaque électrique, dont je découvre qu'elle est équipée de très gros boutons. Ceux-là, je ne peux pas les rater. Enfin, un réfrigérateur est logé dans ce coin de la pièce. On l'a installé juste à côté de l'autre porte de l'appartement : celle de tous les dangers, qui conduit aux poubelles inaccessibles.

Juste devant le réfrigérateur, on entre dans une petite salle de bains avec W-C. Pas bien grande, mais ça ira. À gauche de la salle d'eau, je détecte la porte du local où se cache l'effrayante machine à laver, puis à droite de celui-ci, on tombe sur les fameux escaliers qui pourraient bien un jour m'aspirer dans le vide. Et juste après, je retrouve la table. Entre celle-ci et le mur, on a installé une étagère métallique sur laquelle est posé le combiné du téléphone. Ça y est : j'ai fait le tour de mon nouveau chez-moi. C'est un environnement banal et fonctionnel qu'un voyant aurait embrassé d'un seul coup d'œil. Dans mon cas, cela prend bien plus de temps. Je suis content d'avoir maintenant une conscience assez précise du volume de l'appartement. Même si le micro-ondes, rétif à mes doigts, me résiste encore...

Au fait, où sont les verres et les couverts ? Je ne les ai pas encore repérés. Il faut que je retourne à mon exploration. Me plaçant face à l'évier, j'ai idée de toucher le mur d'en face. Bingo ! Je découvre des étagères métalliques sur lesquelles sont posés des ustensiles de cuisine et des verres de différentes tailles. Attention à la casse... Ma propriétaire n'a rien osé me préciser à ce sujet, mais ça doit aussi faire partie de ses angoisses. J'aurais dû lui dire que, même si ça peut m'arriver, comme à tout le monde, je ne suis pas un gros casseur.

Mon approche victorieuse par le haut me donne l'idée de prolonger la quête par le bas. Je me baisse pour savoir ce que je peux dénicher en dessous de l'évier, à sa gauche et à sa droite. C'est là que sont bien sagement rangés des couverts et des casseroles. J'y trouve encore l'emplacement de la poubelle : il va bien falloir que je la vide moi-même un jour ou l'autre. Chacune de ces petites découvertes me réjouit. Elles me donnent le sentiment de grignoter un peu plus l'espace de ma grisaille. Peu à peu, je prends possession du lieu. Je me dis que j'ai bien mérité une bonne douche...

J'en ressors ragaillardi et plein d'énergie. J'en ai d'ailleurs besoin pour aller faire quelques courses pour le petit déjeuner. Il n'y a strictement rien à manger dans cet appartement. Ce n'est pas sans appréhension que je me prépare à ce premier contact avec l'extérieur. Comment ça va se passer ? Il est vrai que je suis déjà sorti du studio avec Diane. Mais alors je n'avais qu'à me laisser guider par elle. Maintenant, c'est différent : je dois me guider tout seul, du moins à peu près. Il faut trouver la force de « se pousser » dehors. Quand on n'y voit pas, il est toujours tentant de rester bien au chaud, dans un lieu clos. L'extérieur reste angoissant. Mais la volonté de se prendre en charge et la curiosité de la découverte peuvent aussi vous attirer vers l'inconnu de la rue. Alors vos sens se mettent en alerte et votre cerveau aussi. Vous devenez plus attentif à tout ce qui vous entoure.

Bon, j'y vais : je descends l'escalier du studio en comptant les marches. Tout à l'heure, avec Diane, je n'en ai pas pris le temps. J'en compte treize. Celles-ci me conduisent à une première porte, que je referme derrière moi. Puis l'escalier se prolonge jusqu' à une nouvelle porte, qui donne sur la rue. Je compte ici encore une dizaine de marches. Cette seconde porte ferme mal et je dois la claquer un peu plus fort.

Me voici sur le trottoir, plutôt à l'aise, même s'il n'est pas très large. Je commence ma progression dans la direction d'une épicerie, que m'a indiquée la propriétaire. Quand vous avancez ainsi dans le brouillard, vous allez nécessairement rencontrer des ennemis. Les traîtres restent le plus souvent silencieux puis *paf*, ils vous frappent par surprise. Ce sont ces poteaux, plots et échafaudages qui se dressent sur votre passage. Quand je m'expose dans la rue, j'adopte donc ma posture de guerrier, surtout en milieu étranger. Je mets d'abord mon casque : un chapeau à larges bords, lesquels me servent d'antennes et de protection à hauteur du visage. C'est comme un pare-chocs. Si je dois porter quelque chose, ce qui arrive souvent, un sac à dos est essentiel : il permet de garder libre l'usage des deux mains. Je pose ensuite la main gauche sur la lanière droite de ce sac : ce geste fait remonter le coude gauche qui, devenu plus saillant à la marche, me protège alors de chocs éventuels de ce côté-là. Vous suivez ? Enfin, je saisis de ma main droite l'ustensile indispensable au combattant non voyant : son arme blanche, au moyen de laquelle il fend l'air et bat le pavé.

C'est parti, j'avance droit devant : *tac tac tac tac*... Le bruit des voitures qui me dépassent sur la gauche m'aide à m'orienter. Je me heurte vite à un escalier qui avance sur le trottoir. Je le contourne. Un peu plus loin, je détecte une bordure et lève un peu mon arme pour en explorer la hauteur. On dirait des barreaux ; c'est sans doute la grille d'une propriété qui empiète aussi sur le trottoir. La garce ! Je me décale à nouveau sur la gauche pour la dépasser. Ces obstacles ne sont pas « méchants », mais ils gênent ma progression.

J'avance maintenant sans difficulté. Alléluia ! Le terrain semble dégagé. Mais voici que j'entends derrière moi : « Monsieur, un peu plus à gauche ! » C'est la voix d'un jeune homme qui vient à ma hauteur et me demande :

« Où allez-vous, monsieur ?

– À la petite épicerie qui se situe là-bas, m'a-t-on dit.

– Je vois où elle se trouve. Je vais vous accompagner au moins jusqu'au carrefour. Vous alliez vous heurter à un poteau. »

Tiens donc, je n'en suis pas vraiment surpris... J'entends que ce jeune homme fait rouler un vélo. Il me le confirme et, en fait, il s'apprêtait à repartir avec quand il m'a vu. On a dû faire environ deux cents mètres pour arriver au carrefour. Il m'aide à le traverser et me laisse de l'autre côté. « Vous n'avez plus qu'à avancer devant vous et vous y serez en quelques minutes. » Je l'entends aussitôt repartir avec sa bicyclette. Très bien. Je file dans la direction indiquée : *tac tac tac tac*. Je ne dois pas aller encore bien droit car, un instant après, une autre voix me lance : « Monsieur, un peu plus à droite ! » Zut et re-zut ! Je partais encore de travers, et pourtant, je n'ai pas bu... La voix s'est rapprochée. Cette fois-ci, c'est une dame. Elle aussi m'interroge sur ma direction : « Ah, vous vous rendez à l'épicerie ? C'est tout près. Je vous accompagne. » Tiens, c'est une Française, et nous commençons à deviser. Elle est curieuse de savoir ce que je fais par ici. Comme nous sommes déjà devant la boutique, je pose une main sur l'étalage et tombe sur de grosses tomates. La dame me propose : « J'ai un peu de temps. Voulez-vous que je vous aide à faire vos courses ? »

Je n'en reviens pas. On m'avait prévenu qu'à Montréal, je croiserais vite des personnes disposées à aider des individus dans mon genre. J'en ai déjà la preuve, à peine quelques heures après avoir posé le pied dans cette ville. Cette dame s'appelle Véronique, elle habite le quartier. J'accepte volontiers, car cela va me permettre de me familiariser avec ce magasin où, je le pressens, je vais revenir.

5

Faire parler les objets

Première nuit dans le studio : réveil à 4 heures du matin. C'est comme si je m'étais levé à 10 heures en France. Pas si mal, pour un premier jour. J'ai fait un rêve curieux : je parlais au four micro-ondes, dans la cuisine. Fichez-vous de moi… Je tentais de le prendre par les sentiments. Je lui susurrais : « Peux-tu me parler, cher micro-ondes ? Je te sens bien sous mes doigts, mais je ne sais pas où appuyer pour que tu te mettes en marche. Alors, indique-moi où te toucher pour que tu me donnes un peu de ta chaleur. Je ne t'en demande pas trop, juste quatre petites minutes pour chauffer mon plat de hachis parmentier. Tu sais, je suis une personne un peu spéciale, fais un effort s'il te plaît. » Mais cet idiot se refusait à me répondre. Et c'est son silence qui m'a réveillé.

Les objets sont des êtres inertes, qui ne demandent qu'à vous parler si vous savez comment les prendre. J'ai acquis une bonne pratique en ce domaine. Avec les mains, je fais des petits sauts de l'un à l'autre. Je les approche avec lenteur, car certains sont fragiles : un geste trop rapide pourrait les renverser et les briser. J'en ausculte alors les contours. Je les palpe et les soupèse, j'en explore les formes et les recoins. Ces petits gestes brisent la glace : les objets ne sont plus ces inconnus qui m'entourent de leur mutisme. À force de tâtonnements et de caresses, je m'en fais des amis. Ils m'avouent enfin qui ils sont et se font une place dans mon intimité. Quand j'arrive dans une chambre où je vais dormir, que je sois invité chez des amis ou à l'hôtel, je me construis ainsi une représentation du lieu. Mes mains sont mon salut. Elles m'aident à faire exister mentalement l'univers physique qui m'entoure. Elles me donnent des indications sur la distance qui sépare lit, table, fauteuil, lampe, téléphone... ainsi que leur disposition dans l'espace. Mes mains et mon cerveau me libèrent alors de la forteresse de ma grisaille.

Toutefois, ces gestes d'approche sont loin de suffire à faire parler les objets, ou en tout cas à les mettre à votre service. S'ils ont été créés pour être regardés, il suffit de les laisser à leur place. C'est bien dommage d'être privé de leur spectacle, de la beauté des choses. En revanche, les objets domestiques, eux, peuvent être très utiles au quotidien. Or les toucher et en comprendre la fonction ne suffit pas toujours à s'en servir. Nombre d'objets, conçus et fabriqués avant tout pour la consommation de masse, sont inutilisables par des non-voyants. Ils sont donc là, juste à côté de vous, mais demeurent inaccessibles, tel ce four micro-ondes, qui ne cesse de me narguer. C'est insupportable. Une fois de plus, il va vous falloir demander de l'aide pour en comprendre le mode d'emploi. Puis, pour en faciliter l'utilisation, la seule solution consistera sans doute à bricoler une étiquette Dymo en braille pour la coller sur chaque bouton. J'en aurai le cœur net quand Diane repassera cet après-midi.

En attendant, je vais refaire des courses ce matin pour remplir le réfrigérateur. Je compte me rendre à IGA, une grande surface qui se trouve au croisement des rues Saint-André et Sainte-Ziotique. C'est un peu loin, paraît-il, mais cela en vaut la peine. Cette fois-ci, j'ai intégré le mouvement que doit faire mon corps pour sortir de l'appartement par l'escalier : je descends les marches bien plus vite qu'hier et je me retrouve déjà dans la rue. Le temps est encore médiocre ; la température reste fraîche. Ils ont raison, ces Canadiens : c'est un printemps pourri !

Tac tac tac tac… Je déploie mes antennes pour capter tous les bruits, notamment ceux de la circulation, qui m'aideront à me diriger ou m'éviteront de me mettre en danger. Je dois avoir l'air plus assuré qu'hier, car personne ne m'aborde pour me remettre sur le droit chemin. Je progresse dans la rue Saint-Hubert en passant sous ses arcades. S'il se met à pleuvoir, au moins je serai protégé.

Je demande conseil à un passant, pour savoir où tourner vers la rue Saint-André. Un vieux monsieur me répond, avec un accent québécois incroyable. Je ne comprends rien à ses explications, sauf à la fin, où je parviens à capter quelques mots : « Blaoupquqlue-sschalrju-crouchtrob… cinq cents pieds. » Mais comment transformer des « pieds » en « mètres » ? Je ne m'en souviens plus. Au ton de sa voix, toutefois, je comprends que je ne suis plus très loin du magasin.

Chez IGA, plutôt que de déambuler au hasard dans les rayons, je décide de tester la qualité de l'accueil pour les clients dans mon genre. Est-ce qu'un employé du magasin va se présenter pour m'aider ? À Paris, il m'arrive d'attendre longtemps près des caisses sans que personne ne s'adresse à moi, ou bien c'est finalement l'agent de sécurité qui propose de m'accompagner. Mais ce n'est pas toujours la solution idéale : non seulement il ne parle pas toujours très bien français, ce qui rend la communication compliquée, mais il n'est pas non plus un pro de la distinction entre yaourts allégés ou au lait entier…

Ici, on me guide vers un comptoir d'accueil, du moins je le suppose. Puis un jeune homme se présente pour m'accompagner. Ai-je eu de la chance ou est-ce la procédure habituelle ? En tout cas, je n'ai pas eu à attendre. Mon aide s'empare d'un chariot dont la taille me semble gigantesque, et c'est parti… Nous naviguons dans de larges allées à la recherche de fruits et légumes (le choix est vaste) ou de plats cuisinés (le choix paraît plus restreint qu'en France). J'aurais bien acheté une bonne bouteille de vin pour fêter mon arrivée, mais ils ne sont pas autorisés à vendre de l'alcool, m'explique le jeune homme. Il faut pour cela aller dans un magasin possédant une licence spécifique.

En caisse, je demande à être livré, réalisant du même coup que je vais devoir me dépêcher de rentrer pour arriver à l'appartement avant le livreur ! *Tac tac tac tac* : je fais le trajet retour d'un bon pas, m'étonnant moi-même de mon assurance. Mais une fois parvenu dans mon quartier, impossible d'identifier précisément la porte de mon immeuble ! C'est quand même embêtant… Avec ma canne, je tape sur des bordures, des pierres, des portes : *tac toc tuc tac…* mais quelle est donc la mienne ? Ah ! si j'avais un GPS sur mon « téléphone intelligent », je n'aurais qu'à y entrer mon adresse et il me dirait : « Vous êtes arrivé. » Mais pour l'instant, pas d'autre solution que d'arrêter un passant pour lui demander de me mettre en face de mon numéro. Ce n'est pas glorieux, et il va falloir faire des progrès. Ouf ! Je suis dans les temps ; à peine cinq minutes plus tard, le livreur se présente. C'est gagné de mon côté. Lui aussi, il doit gagner quelque chose : je lui laisse cinq dollars. Puis je range toutes mes victuailles : j'ai l'impression d'avoir remporté une petite victoire.

Prochain objectif, impératif : récupérer l'usage du GPS piéton de mon Samsung. Mais si je continue à utiliser mon numéro français, cela va me coûter une fortune. Il me faut donc acquérir au plus vite une ligne de téléphone locale chez un opérateur canadien. Véronique, la dame que j'ai rencontrée hier, m'a justement gentiment proposé de m'accompagner chez Tellus, une enseigne de téléphonie qui a une boutique dans le quartier du Plateau Mont-Royal. Elle vient me chercher à l'appartement, puis nous nous dirigeons vers le métro Rosemont.

Il commence à pleuvoir. On s'engouffre juste à temps dans la station, où j'achète un passe pour un mois. Nous prenons ensuite les « escaliers mobiles » (l'escalator) qui conduisent sur le quai. La station me semble plus grande que celles du métro parisien. Quand la rame arrive, elle fait un bruit assourdissant, mais une fois entré dans le wagon, on s'y sent bien et le nom des stations est annoncé à l'avance : le bonheur !

Chez Tellus, il n'y a pas grand monde ce jour-là, et un vendeur vient tout de suite à notre rencontre. Il vérifie d'abord que mon appareil est compatible avec le réseau local : pas de problème. Il me présente différents forfaits, j'en choisis un, puis il me demande : « Pourrais-je avoir votre carte d'identité ou votre passeport ? » Comme je m'étonne de cette requête, il me répond que c'est une obligation, mais que ce ne sera pas long. Heureusement, j'ai mon passeport avec moi. Un instant plus tard, il me le rend et déclare : « Tout va bien, vous êtes un bon client ! » J'exprime à nouveau ma surprise, puisque je ne fais pas encore partie de sa clientèle.

« C'est vrai, me répond-il, mais je viens d'accéder à des informations sur votre situation financière, en mettant votre passeport sur un lecteur optique. RAS, vous n'avez pas de dettes. Donc tout va bien pour nous ! »

Je n'en reviens pas et je suis choqué. Foucault, Orwell sont plus que jamais d'actualité : nous sommes entrés dans l'ère de la surveillance permanente et généralisée des individus ! Le vendeur se met alors à préparer mon contrat, notre « entente », me corrige-t-il – qui se monte quand même à plus de 250 dollars ! Car la somme inclut, je ne sais pourquoi, une caution de 200 dollars. « Vous me versez cette somme et ensuite je vous fais signer notre entente », m'annonce le jeune homme. Mais je proteste : « Avant de vous donner cet argent, je souhaite savoir à quoi je m'engage. Donc j'aimerais d'abord que vous me communiquiez les principales clauses de cette entente. C'est quand même plus logique, non ? » Et le vendeur de rétorquer : « Je suis désolé mais ici, ça ne marche pas comme ça. Vous payez d'abord. »

Que veut-il dire avec ce mot « ici » ? Chez Tellus ? au Canada ? J'ai bien l'impression qu'il fait référence à la culture de l'argent en Amérique du Nord. Bon, de toute façon, je la veux, cette ligne locale, et je n'ai pas le choix. Alors je m'exécute et je paye. D'ailleurs, au fond, ce vendeur m'inspire plutôt confiance. Il me donne dans la foulée le numéro de téléphone où l'on pourra me joindre et imprime notre entente. Je suis ravi : je me sens un peu plus Montréalais, et je signe. Je l'invite alors à m'appeler, juste pour vérifier la bonne réception de la ligne. On attend la sonnerie. Mais rien : silence prolongé. En guise d'entente, on n'entend rien du tout ! Et le vendeur déclare :

« Je suis désolé, la communication ne passe pas parce que votre téléphone n'est pas débloqué.

– Quoi ? Mais vous m'avez assuré au début qu'il était compatible !

– Oui, mais c'est un autre problème. Il vous faut aller dans une boutique pour le faire débloquer. On en trouve partout. »

Je suis furieux et lui réplique :

« Mais vous le saviez, n'est-ce pas ?

– Je n'y ai plus pensé. »

Est-il sincère ? Ou bien a-t-il saisi l'occasion de fourguer à ce visiteur français une nouvelle entente pour remplir ses objectifs de vente ? Je ne le saurai jamais. Toujours est-il que, moi, je n'ai pas du tout atteint mon objectif et que j'ai même le sentiment de m'être fait avoir. Car je paye désormais pour un service auquel je ne peux pas accéder. Il va donc falloir s'occuper très vite de faire débloquer ce téléphone.

Véronique, qui a assisté à toute la scène, est navrée. Elle me propose d'aller manger une salade dans les environs. La pluie tombe toujours : ce sera une journée bien maussade. Notre déjeuner m'a fait un peu oublier la déconvenue avec Tellus. Mais une fois que je suis rentré chez moi et que Véronique est repartie, je repense à mes soucis avec la technologie. Tout semble poser problème, que ce soit la connexion Internet ou le fonctionnement de mon téléphone Android. Or, mon existence quotidienne est devenue très dépendante de ces objets, davantage encore peut-être que celle des autres. Le fait de ne plus y voir vous coupe du monde. Alors, si en plus ces outils modernes qui vous relient aux autres ne fonctionnent plus pour telle ou telle raison, vous vous sentez encore plus isolé. C'est ce que j'éprouve ici et maintenant, de retour dans ce studio, au milieu de cette ville où je ne connais quasiment personne. Oui, je me sens coupé du monde et je pense aux miens que j'ai quittés voici peu. J'imagine le pire : et si rien ne marchait? Alors, j'irai droit à l'échec et je raterai mon intégration à l'université. Le moral en berne, à l'image du ciel gris et pluvieux, je décide d'écouter un peu de musique sur mon Plexstalk pour me détendre : quelques morceaux de jazz, ou les concertos brandebourgeois de M. Bach ne devraient pas me faire de mal...

Coup de sonnette : qui est-ce? Je crois bien que je me suis assoupi. Ah, c'est Diane qui vient voir si tout va bien. Sa gaieté entre aussitôt dans mon petit espace. On va faire le tour des « problèmes ». D'abord, la machine à laver : il y a trois boutons sur le devant, qu'elle me fait toucher. Un seul est important : celui de gauche. Il suffit d'appuyer une fois dessus pour allumer la machine. On attend un peu et on appuie une seconde fois sur ce même bouton. La machine se met aussitôt en marche pour exécuter le programme standard de trente minutes, essorage compris. Eh bien, ce n'est vraiment pas sorcier…

Maintenant, la poubelle. Nous nous engageons sur l'escalier extérieur (tiens, la pluie s'est arrêtée). Il s'agit en effet d'un escalier métallique assez raide : mieux vaut se tenir à la rampe, d'autant que les marches sont glissantes. En bas, on se retrouve devant une grille qui donne sur la rue. Il faut l'ouvrir en soulevant un loquet que j'ai du mal à repérer. Diane m'aide à mettre la main dessus. On doit alors se déplacer dans la rue vers la gauche. Je n'ai plus de repère fixe, et cette dernière étape n'est pas évidente. Pas facile de se diriger exactement à l'endroit précis où les voisins déposent leur poubelle pour le camion de ramassage. Devrais-je compter mes pas ? En résumé, la difficulté ne réside pas tant dans cette descente de l'escalier (comme a pu le penser la propriétaire) que dans la localisation du point de dépôt dans la rue. Il faudra que j'y revienne.

« Autre chose ? » me demande Diane. Je lui parle de mon souci avec le micro-ondes. Elle en examine les boutons : hormis celui de mise en marche (pour trente secondes), les autres ne sont en effet pas détectables au toucher. Elle en repère quatre : pour une, trois, six et neuf minutes. Je vais donc fabriquer quatre petites étiquettes en bande Dymo correspondant à chacun de ces chiffres. Cet étiquetage est très pratique pour les non-voyants : il leur permet de classer leurs CD, DVD et les conserves alimentaires. Certes, il faut savoir écrire en braille et je ne suis pas doué : je connais seulement les rudiments de ce langage du toucher et n'en ai aucune pratique. Mais j'arrive quand même à écrire quelques mots ou chiffres en m'appliquant, ce que je fais donc au moyen d'une petite grille et d'un poinçon. Diane n'a plus qu'à coller les étiquettes sur les boutons de l'appareil. Le tour est joué : sacré micro-ondes, tu es enfin à moi !

En quelques instants, j'ai progressé dans mon adaptation à ce studio et je m'y sens un peu plus à l'aise. J'en remercie Diane et nous prenons une tasse de thé pour fêter ça (je fais, bien sûr, chauffer l'eau au micro-ondes !). Diane est assez pressée car il lui faut faire encore une course et puis, ce soir, elle compte bien regarder, avec son *chum* et quelques amis, un match important de hockey sur glace entre « le Canadien », équipe de Montréal, et celle de Boston. Elle a prononcé le « ton » comme dans « tonton ». Les Québécois sont bien plus cohérents avec la langue française que les Français eux-mêmes qui, en ce cas, diront « Bostonne », à l'américaine. Et si j'écoutais ce match à la radio ? Cela me mettrait dans l'ambiance de la ville.

Quand j'arrive dans un pays étranger, j'aime bien écouter les différentes radios pour y découvrir les voix, les chansons et les sujets qui y sont abordés. J'emporte toujours avec moi un petit poste, ce qui m'évite d'apprendre la manipulation du récepteur installé dans une chambre d'hôtel. Au moins, en ce cas, je suis tout de suite autonome. Je me lance donc dans l'exploration des ondes canadiennes, m'asseyant confortablement sur le canapé. Je tombe immédiatement sur de la musique anglo-américaine plutôt criarde et énervante. Que de stations ! et que de pub ! Je zappe… Tiens, des chansons latinas : ça fait chaud au cœur… à moins que ce ne soit de la musique créole ? Cet air est entraînant, et ça sent le soleil. Je tourne encore le bouton et je tombe sur de la musique classique : ça ressemble à du Mozart. Plus surprenantes, ces vieilles chansons françaises des années 1950 : je ne vois pas quelle radio en France pourrait encore diffuser ces antiquités. Tiens, on parle ici de politique : sans doute est-ce Radio Canada ? L'émission discute les travaux d'une commission dite « Charbonneau », chargée d'enquêter sur le financement occulte de partis politiques. Ça me rappelle quelque chose de la France… Bravo, les démocraties ! Le ton du journaliste est bien sérieux, mais teinté d'ironie. Tout au bout de la bande, un speaker m'annonce que je suis sur CBS et m'en remercie. Pas de quoi… C'est une station d'informations américaine, plutôt de bonne réputation. À Paris, l'écoute d'une radio de langue anglaise me manque, ne serait-ce que pour comparer la manière dont elle traite tel ou tel sujet d'actualité par rapport à nos radios nationales. Ici, à Montréal, je pourrai naviguer entre Radio Canada et CBS, en somme entre les mondes francophone et anglophone.

À l'heure dite, je me branche sur la station qui retransmet le match de hockey. On commence par les hymnes nationaux. Une femme à la voix belle et puissante entonne : « Ô Canada ! Terre de nos aïeux ! Ton front est ceint de fleurons glorieux ! Car ton bras sait porter l'épée... »

C'est vraiment du sérieux... Et tout le public du Stadium reprend en chœur. On sent tout de suite une foule à l'unisson qui vibre déjà avec son équipe. C'est beau et c'est fort. Serais-je en train d'entendre, à ce moment précis, en cet instant de communion et de ferveur, l'âme d'une nation ? Puis la partie commence.

Je garde le vague souvenir d'extraits de matchs de hockey, entraperçus à la télévision. Mais je n'ai idée ni du nombre de joueurs par équipe, ni des règles du jeu. Je sais tout au plus qu'il faut marquer des buts dans une cage, comme au football en somme, sauf que les joueurs glissent sur la glace avec des patins et poussent un drôle d'objet avec un bâton. C'est à peu près tout...

Le vocabulaire du journaliste qui commente la partie me fascine. Il me parle dans une langue étrangère que je tente de déchiffrer : « fonce sur la rondelle », « le tir est bloqué », « la rondelle revient le long de la rampe ». Première déduction, pas très compliquée : la rondelle, ce doit être ce truc pour lequel ils se battent. Mais après ? Je ne comprends pas grand-chose au développement technique du jeu, sauf qu'il m'a l'air brutal. Les joueurs prennent des coups parfois violents et c'est pourquoi ils portent des casques et des genouillères. Tiens, le Canadien vient de marquer un but : c'est du délire ! On annonce qu'un joueur est lourdement tombé sur la glace. Mais il se relève, et ça repart.

Je renonce bientôt à vouloir comprendre quoi que ce soit de ce sport et je me laisse porter par le rythme des commentaires. C'est un flux de mots qui avance par petites impulsions saccadées.

C'est comme une ondulation musicale dont les pulsations se caleraient sur les actions des joueurs. C'est une chaîne de phrasés, réduits à deux ou trois mots, sans jamais une virgule de silence. Il s'échappe ainsi de la radio, par petites bouffées vocales régulières, des expressions que je ne sais ni interpréter, ni visualiser : « dégage la rondelle », « belle passe », « échec avant »… Et moi, sur mon canapé, j'entends : Tata-tata-tata-tata. Si l'action s'accélère, ça donne : Tata-tata-tata… tatatatata ! Je me demande comment le journaliste parvient à reprendre sa respiration. Aïe ! Boston vient d'égaliser.

En comparaison, le flot des commentaires au football me semble bien différent. Les passes y sont plus longues, la voix peut donc rester en suspension jusqu'à ce que le ballon atteigne un autre joueur. J'entends plutôt : « Tatatatatatatatata… » La description du jeu est souvent plus enrobée et ponctuée par de petits silences. Il n'empêche que, quand l'action s'accélère, la voix s'emballe aussi (« Tatatatatatatatata... Tatatatatata ! »). Mais cette trajectoire du commentaire de foot est alors plus ample qu'au hockey. Ah ! Montréal vient de marquer un nouveau but. Re-délire, et cette fois-ci, je perçois des cris de joie en provenance d'un appartement voisin.

À l'instant du but, j'ai remarqué que la voix du journaliste est montée en intensité. Mais elle est restée tendue et concentrée, comme comprimée par l'énergie. Rien à voir, encore une fois, avec les vocalises des commentateurs de football, dans les mêmes circonstances (au hockey, cela donne : « Tatatataaaaaaah » ; au foot, quand un joueur marque un but, la voix a tendance à s'envoler comme le ballon : « Tatata... tatatata-ooooooooooooh ! »).

Le match vient de s'interrompre pour une seconde pause. La radio en profite pour diffuser une longue séquence de publicités. J'ai hâte que la partie reprenne, et je me rends compte que j'espère la victoire de Montréal. Pourtant, je n'avais rien *a priori* contre Boston... Mais le match reste encore serré. C'est reparti ! La rondelle recommence sa folle trajectoire et, avec elle, cette ronde des mots qui illumine sa course incertaine. De cette cascade des gestes mise en sons, il émane une poésie de l'action qui finit par donner le vertige et fait vivre intensément la partie à celui qui ne la voit pas. Finalement, c'est Boston qui a gagné : dommage ! Mais les journalistes l'assurent, le Canadien a été très bon, et il aura l'occasion de prendre sa revanche.

Pour moi, il est temps d'aller dormir. L'incroyable énergie ressentie à l'écoute de ce match me donne du punch pour demain.

6

Corridors

Aujourd'hui, c'est le grand jour : celui de mon arrivée à la fac. Comment vais-je m'habiller ? Je pointe mon nez à la fenêtre : il ne fait toujours pas très chaud, ce matin. Je suppose que le ciel doit être gris. Le temps reste incertain, comme ce printemps qui tarde à venir. Au moins il ne pleut pas. Je vais mettre des vêtements mi-saison sans m'habiller de manière trop formelle. Je n'ai aucune envie de coller au cliché du prof français guindé de la Sorbonne, style vieille France, que je sais assez répandu dans l'imaginaire québécois. J'ouvre le tiroir de la commode où sont rangés mes deux ou trois pantalons et quelques chemises, et je prends mon détecteur de couleurs. De la forme d'une télécommande, l'appareil est muni d'un bouton qui permet d'identifier une source de lumière. On le pointe en direction d'une lampe et, si celle-ci est allumée, il émet un son aigu (*hiiii*) ; dans le cas inverse, il produit un son grave (*booooou*), c'est très pratique. Un second bouton aide à identifier les couleurs :

on appuie dessus après avoir rapproché l'appareil du tissu, et alors le détecteur annonce : « vert », « bleu », « rouge » – c'est magique ! Il est conseillé de renouveler l'opération car le diagnostic n'est pas toujours fiable : ce peut être embêtant. Je me saisis d'un pantalon que je pense déjà reconnaître au toucher : je crois bien que c'est le marron, et mon détecteur le confirme. En revanche, je ne saurais pas deviner la couleur de la chemise. Je les passe donc toutes à la question et j'opte pour la blanche. Enfin, je prends un pull au col en V de couleur beige clair. Je ne compte pas mettre de veste, mais mon manteau foncé et mon chapeau marron. S'il ne pleut pas pour l'instant, cela ne veut pas dire qu'il ne pleuvra pas dans une heure ou en fin de journée. Il me reste à enfiler le sac à dos lesté de mon ordinateur et d'un scanner très léger. Et me voici parti.

En bas de mon immeuble, j'ai la chance d'être attendu par Éric, le directeur du département de science politique de l'université de Montréal. Celui-ci a tenu à venir me chercher pour me montrer le trajet de chez moi à la fac : quelle gentillesse ! Lui aussi, j'ai cru préférable de le prévenir de ma situation. Quand nous nous sommes entendus par courriel sur mon projet de cours, il y a maintenant plus de huit mois, il ne savait encore rien de ma non-vue. Ce n'est que tardivement, à l'occasion d'un rendez-vous sur Skype, que je lui ai avoué la chose, tout en le rassurant sur mes capacités de travail : « Je viendrai avec mon ordinateur et un scanner équipés d'un système de synthèse vocale, au moyen de laquelle je serai aussitôt autonome pour la lecture et pour l'écriture. » Et puis, n'étais-je pas déjà professeur à Paris ? Mais comment allait-il réagir ? Passé un léger moment de surprise, je l'ai entendu répondre : « Pas de problème. On verra bien. » C'est le cas de le dire… J'ai perçu dans sa voix une attitude d'ouverture et de confiance. C'est donc avec joie que je m'apprête à faire sa connaissance.

On se retrouve sur le trottoir juste en face de chez moi. Je n'ai pas sorti mon bâton, ne comptant pas m'en servir. Par expérience, je sais que son usage introduirait une distance inutile avec la personne marchant à mes côtés. Après nous être salués avec cordialité, je lui demande :

« Est-ce que ça vous ennuie si je vous prends le bras ?

– Pas du tout. Moi, je suis plutôt de petite taille. »

Je ne peux m'empêcher de sourire intérieurement. Ses tout premiers mots sont une manière de me confier tout de suite sa différence. M'étant rapproché de lui du côté droit, je me rends compte qu'il n'est pas si petit que ça. Mais sans doute cette question de taille a-t-elle pu un jour susciter chez lui de la peine, voire un certain complexe ? Quoi qu'il en soit, cette façon spontanée de se définir revient à se mettre à mon « niveau » : vous n'y voyez pas, mais moi je suis petit. Chacun son problème…

Nous voici en marche vers le métro, bras dessus bras dessous, si j'ose dire, le miro et le voyant, le plutôt petit et le plutôt grand. Nous traversons un premier carrefour, quand Éric me dit : « Zut ! On a croisé au plus court, mais je me rends compte qu'il y a un chemin plus simple pour vous. Je ne suis pas un très bon guide ! » Éric me parle ensuite du quartier, qu'il trouve lui aussi sympathique : il me signale que nous passons devant la nouvelle bibliothèque et le petit marché qui s'est ouvert près du métro Rosemont.

On entre dans la station, et je suis content de lui annoncer que j'ai déjà mon passe. Éric me parle maintenant de la vie à l'université : je m'efforce de l'écouter tout en me concentrant sur l'itinéraire, que je vais devoir bientôt emprunter seul. Nous prenons la ligne orange en direction de Montmorency, avec un changement à Jean-Talon. Puis il faut rejoindre la ligne bleue direction Snowdon pour sortir à la station Université-de-Montréal. Quand nous faisons ce changement à Jean-Talon, la correspondance me semble un peu compliquée : tandis qu'Éric me parle de ses cours et de ses recherches (c'est un spécialiste des politiques publiques dans les démocraties), je lui dis : « Ah oui…, c'est intéressant », mais en réalité, je pense : « Bon sang de bonsoir, comment vais-je repérer ce couloir pour la correspondance ? » Parvenus à destination, nous empruntons un long corridor qui débouche à l'air frais. Surprise : on se croirait presque en pleine nature. J'entends les gazouillis des oiseaux, je ne me sens plus « encadré » par les murs d'immeuble. Le campus ressemble-t-il à ceux des universités américaines ?

Éric s'engage sur un trottoir qui monte en pente douce. Il est légèrement bosselé, et sur sa droite, je sens de la verdure et sans doute aussi des fleurs. À gauche, quelques voitures passent de temps à autre. Ça ne va pas être si simple que ça, de faire seul ce trajet, car je ne remarque pas encore de repères fixes.

Nous traversons bientôt une petite rue, puis une seconde. Éric oblique alors à gauche pour marcher sur l'autre côté de la route. Ah ! Voici un bon repère : une fois passée cette deuxième petite rue, je dois me souvenir qu'il faut traverser la route que nous sommes en train de longer. On continue alors dans la même direction, sauf que les voitures roulent maintenant à notre droite. J'entends aussi le bruit léger d'un vélo, qui vient de passer à nos côtés. Bon, il va me falloir un peu d'entraînement, mais le parcours est faisable. Et si je m'égare ? Pourrais-je demander mon chemin à quelqu'un ? Je m'en inquiète car, à part les voitures et les petits oiseaux, je n'ai rien perçu qui puisse ressembler à un être humain… Éric me rassure : il y a toujours quelques personnes qui vont et viennent entre la fac et le métro.

Nous sommes arrivés, me dit Éric : on est devant le bâtiment Lionel-Groulx, au 3150 rue Jean-Brillant. Nous montons quelques marches puis prenons l'ascenseur pour rejoindre le quatrième étage. Pas le temps de vérifier si l'usage de ses boutons est aisé : j'y reviendrai. En sortant de l'ascenseur, on oblique à droite puis encore à droite. Éric cherche sa clé et ouvre son bureau tout en m'invitant à y entrer. Juste à côté, deux dames sont en conversation dans le couloir : il leur propose de nous rejoindre et me les présente : « Christine, qui va prendre ma succession à la direction du département et Jocelyne, notre assistante, qui est là pour vous aider. »

Je les salue et je prends soin de remercier Jocelyne avec qui j'ai été en contact par courriels, puisqu'elle m'a facilité toutes les démarches administratives nécessaires à ma venue. Éric me propose de prendre un café, ce que j'accepte volontiers. On s'installe tous les quatre dans son bureau et l'on devise sur le département. Il ne regroupe pas moins de trente-deux professeurs dont les spécialités principales sont : relations internationales, politiques comparées, administration publique, économie politique, communication politique. On va me confier un groupe d'étudiants en master recherche ayant choisi mon cours sur les génocides. Je dois m'attendre à en avoir une petite dizaine, ce qui est une bonne moyenne. Je demande si je dois faire un « vrai » cours, c'est-à-dire parler pendant une heure puis répondre aux questions des élèves, ou bien faire quelque chose de plus interactif. « Ici, on encourage les interactions entre le prof et les étudiants, mais vous faites comme vous voulez. » La réponse me laisse un peu dans le flou, mais me donne à réfléchir… Je suis prêt à m'adapter à la pédagogie qui a cours dans ce pays, sans encore savoir très bien comment…

Puis Éric annonce qu'il va me montrer mon bureau. Petit moment de flottement : Jocelyne précise qu'il n'est pas encore tout à fait prêt. La pièce était occupée voici peu par une collègue qui vient de partir en mission. Qu'à cela ne tienne, ils vont faire tout de suite le nécessaire, et « ce ne sera pas long ». Nous sortons du bureau pour marcher dans un grand couloir. Personne n'ose me prendre le bras, et je n'ose pas le demander. Je suis les autres à la voix mais, que diable, ce corridor semble interminable ! On s'arrête enfin devant une porte :

« Vous êtes au bureau 4045 [prononcez 40-45], m'annonce Jocelyne.

– Ça me va très bien, moi qui travaille entre autres sur la Seconde Guerre mondiale ! »

Rires : le courant passe...

Nous entrons dans une pièce assez grande, qui sent un peu le renfermé. Jocelyne me signale un portemanteau à droite ainsi que des étagères. Puis je crois qu'elle débarrasse des affaires qui traînent sur le bureau tandis qu'Éric rétablit le fonctionnement du poste téléphonique. En deux temps trois mouvements, l'essentiel est fait et j'entends : « Voilà, vous pouvez vous installez ici ! »

On m'avance un fauteuil plutôt confortable, sur lequel je m'assieds. Je fais glisser mes mains sur le bureau : il est en demi-lune et m'apparaît plus grand que celui que j'ai à Paris... Je les remercie vivement. Nouveau petit moment de flottement : veulent-ils rester là ? Continuer la conversation avec moi ? Me voir déballer mon matériel ? J'ai idée de leur montrer comment fonctionne mon ordinateur, ou plutôt comment « je » fonctionne avec lui. Je suggère de leur faire une petite démonstration : oui, oui, ils sont curieux de voir ça.

Je sors donc l'ordinateur du sac à dos et l'installe sur le bureau. Peu de temps après sa mise en route, on entend : « Jaws ». C'est le nom du système de synthèse vocale qui permet de naviguer dans les menus, mais aussi d'écrire et de lire. Inventé dans les années 1990, il permet aux déficients visuels de travailler avec Windows. L'usager ne parle pas à l'ordinateur, comme on le croit trop souvent ; il utilise un clavier normal pour taper des commandes, qui déclenchent un écho vocal. Ce retour sonore lui permet un contrôle immédiat des commandes et donc la navigation dans les menus et la réalisation de toutes sortes de tâches. Bien formés à cet outil, les non-voyants et déficients visuels ont plus de chance de s'insérer dans divers milieux professionnels. J'en suis d'ailleurs un exemple. Mais encore faut-il qu'un employeur leur fasse confiance…

Cette accessibilité aux outils numériques reste toutefois limitée. Par exemple, Jaws suit avec difficulté et toujours avec retard les évolutions que Microsoft fait subir à son système d'exploitation Windows. Comme Apple, Microsoft se fiche bien de proposer des produits adaptés aux déficients visuels. Bill Gates a créé une fondation pour lutter contre le sida ou le paludisme : très, très bien. Mais pourquoi ne consacre-t-il pas un peu de sa fortune à mobiliser des ingénieurs sur l'invention de systèmes informatiques conçus d'emblée pour faciliter aux aveugles l'usage des ordinateurs, plutôt que de leur compliquer la tâche ? À quoi se résume en effet la philosophie de Jaws ? Ce n'est rien d'autre qu'une « prothèse vocale », conçue pour se greffer après coup sur un système fondamentalement visuel – ce qui est forcément un pis-aller. Le non-voyant est ainsi contraint à un double apprentissage. Il lui faut non seulement acquérir une bonne connaissance d'un logiciel (par exemple un traitement de texte), mais aussi apprendre à s'en servir au moyen de la synthèse vocale. En somme, il doit apprendre l'outil puis l'outil de l'outil... Sans compter l'effort financier nécessaire pour se procurer ces produits spécialisés souvent onéreux (il est vrai que des aides sont possibles). En tout cas, si le non-voyant veut s'intégrer à la modernité et, qui sait, décrocher un job intéressant, il n'a pas le choix.

Je me garde bien de faire ces commentaires à mes nouveaux collègues, et je passe tout de suite à la démonstration. Ça tombe bien : Christine vient de nous rejoindre. Je tape un premier mot, « bonjour », sans difficulté : j'ai appris depuis longtemps l'emplacement des touches sur le clavier. L'ordinateur ne dit rien d'abord, mais sitôt que je presse la barre d'espace, il annonce : « Bonjour. » Je continue l'exercice, j'écris sans m'arrêter : « Nous sommes le 5 mai 2014. » Au fur et à mesure que je tape la phrase, Jaws prononce chacun des mots que j'écris. Grâce à cet écho, je peux progresser dans la rédaction du texte et corriger mes fautes éventuelles. Enfin, certaines, car la synthèse vocale ne permet pas de toutes les identifier. On peut quand même en repérer beaucoup à l'oreille, en particulier des fautes de frappe (si, par exemple, je tape « nous simmes » au lieu de « nous sommes »). Mais si j'oublie un « m » à « somme », elle ne me le signalera pas. On peut alors, en complément, utiliser le correcteur orthographique ou grammatical. Mais il est toujours utile de faire revoir son texte par une autre personne.

« Et pour la lecture ? » demande Éric.

Je fouille dans mes fichiers, et je tombe sur la présentation de mon cours, rangée dans mon dossier « Canada ». Je leur montre comment, après ouverture du fichier, Jaws peut me le lire. Je presse à la fois sur les touches « Insert » et « flèche bas », et la voix me lit aussitôt le texte ligne à ligne : « Faculté des arts et des sciences – sigle général, POL6640 : relations internationales, enjeu actuel. Les cours commencent… » Je leur montre comment je peux arrêter la lecture à tout instant, relire la phrase précédente ou une note en bas de page.

« C'est super ! s'esclaffent en chœur Jocelyne et Christine.

– Je vais encore vous montrer autre chose », leur dis-je.

Je reviens dans mon traitement de texte et j'appuie en même temps sur les touches « Control » et 1. Puis j'écris : « *Hello, how are you today ?* » La synthèse vocale se met alors à parler en anglais avec un super accent américain. Cette fois-ci, je les sens impressionnés :

« On n'a jamais vu ça, dit Éric.

– Et pourtant, ce logiciel existe depuis quelque temps », fais-je remarquer.

Je comprends qu'ils n'ont jamais accueilli ni rencontré à l'université de collègues comme moi. Je pourrais encore leur montrer d'autres applications, mais Éric et Christine doivent partir pour rejoindre une réunion. Jocelyne les suit et me prévient qu'elle reviendra dans un moment pour m'établir la connexion Internet. Pendant ce temps, j'en profite pour installer le scanner qui m'aidera à consulter les documents que je pourrais par exemple sortir de la bibliothèque. Ce dernier présente l'avantage de pouvoir les transformer dans un format que peut ensuite lire Jaws.

Jocelyne revient déjà. Elle est contente de m'aider : elle s'y connaît un peu en informatique, me glisse-t-elle. Tant mieux, car je ne sais pourquoi, je crains la suite. Mon appréhension se confirme bien vite : Jocelyne ne parvient pas à établir la connexion. Elle recommence plusieurs fois l'opération, sans succès. Elle ne comprend pas. Il ne m'en faut pas davantage pour que monte mon inquiétude. Déjà que ma propriétaire s'est heurtée à ce problème, voici qu'il se reproduit ici. Que faire ?

« La seule solution est de les appeler », me répond Jocelyne. Elle veut dire le département informatique de l'université. Mais il faut s'armer de patience. Longue, très longue attente au téléphone : au moins une demi-heure. Pendant ce temps, je ronge mon frein, je ne tiens plus. Enfin elle se met à parler à quelqu'un. On lui donne des instructions. Mais ça ne marche toujours pas. Ça a l'air grave. Le problème est que mon ordinateur est déjà ancien, puisque son système d'exploitation (XP Pro) date des années 2000. Après une nouvelle tentative infructueuse, Jocelyne me répète ce qu'on vient de lui déclarer au bout du fil : « De toute façon, le réseau informatique de l'université ne reconnaît plus ce système. » Badaboum : mon inquiétude se transforme en angoisse. Mon séjour va être foutu, car il est impossible que je travaille avec un autre ordinateur non équipé de Jaws. Je sors du bureau pour prendre l'air et respirer un peu. C'est ridicule, puisque nous sommes enfermés dans ce bâtiment, mais ça me fait du bien. Je fais quelques pas dans le couloir. Quand je reviens dans le bureau, j'entends Jocelyne dire au téléphone : « Il est non-voyant. Il faut absolument trouver une solution. »

Voilà donc qu'elle joue de cet argument. Je n'aime pas ça, mais que faire d'autre ? Il faudra toute l'expérience, l'assurance et l'insistance déterminée de la secrétaire de direction pour obtenir le déplacement d'un technicien... au bout d'une heure et demie de harcèlement téléphonique !

Un jeune homme se présente enfin au bureau. Il se prénomme Martin. Très calme, il s'installe devant l'ordinateur.

C'est vrai que plus personne n'utilise XP, confirme-t-il, mais il en garde une bonne connaissance et c'est pourquoi on lui a demandé d'intervenir sur mon poste. Lui non plus, il n'a jamais entendu parler de Jaws et il se montre intéressé par cette curiosité. Puis je l'entends pianoter sur le clavier. Ça dure un peu et il reste silencieux. J'ai l'impression que mon sort repose entre ses mains. Je reste anxieux, mais j'ai tendance à lui faire confiance : il a l'air vraiment « pro ». Martin téléphone à un collègue. Je ne comprends rien à ce qu'il lui explique, puis il raccroche et se met encore à pianoter.

« Il y a de l'espoir... », m'annonce-t-il laconiquement. De l'air frais me passe sur le visage... Quelques minutes s'écoulent encore avant qu'il me dise : « Je viens de faire un test avec ma propre adresse Internet, et la connexion a marché. Donc si ça passe avec la mienne, il n'y a pas de raison que ce ne soit pas aussi le cas avec la vôtre. »

Il fait un essai et... magnifique : ça fonctionne ! Quel soulagement ! Je suis à moi tout seul une nuée d'oiseaux qui vient de prendre son envol. Oui, je décolle dans le ciel de mon autonomie à Montréal, et j'adresse à Martin un large sourire de satisfaction. À l'instant, Jocelyne revient dans le bureau et apprend la bonne nouvelle. C'est bientôt l'heure du déjeuner : on a consacré l'essentiel de la matinée à la résolution de ce problème.

Je m'installe devant l'ordinateur, impatient de consulter les messages reçus depuis mon départ de Paris. Peu de temps après, quelqu'un frappe à la porte du bureau que j'ai laissée ouverte. Je reconnais la voix de Christine qui, je ne l'avais pas remarqué, s'exprime avec un léger accent. Serait-elle d'origine germanique ? Elle me demande : « Voulez-vous que nous déjeunions ensemble avec quelques collègues ? Nous allons à la cafétéria HEC : la meilleure ! »

Bien sûr que je le veux, et plutôt deux fois qu'une ! Tiens, HEC est par ici ? Je n'en avais aucune idée... (j'apprendrai ensuite qu'il s'agit d'HEC Montréal). Nous arpentons en sens inverse le grand couloir que j'ai emprunté pour la première fois ce matin. « C'est le couloir de la Science politique », me déclare-t-elle en riant. Et de frapper à certaines portes pour demander, après m'avoir présenté à son interlocuteur : « Est-ce que tu viens déjeuner avec nous ? » Super, cet accueil : je n'ai rien vu de tel à Paris. Une voix répond du bureau : « Oui pourquoi pas », ou bien : « Non, je n'ai vraiment pas le temps »... Parvenue au bout du couloir, Christine a réuni une petite troupe. Le temps que chacun range ses affaires et nous voici partis en procession à travers ascenseurs, escaliers et corridors. C'est assez surprenant : nous enfilons couloir sur couloir, cela me semble sans fin. Arriverai-je un jour à me rendre seul à cette cafétéria ? Comme avec Éric, je propose à Christine de lui prendre le bras : « D'habitude, ce sont les dames qui prennent le bras des messieurs. Mais moi je suis pour le changement ! »

Rire… Christine est chaleureuse et, tout en marchant, me parle un peu d'elle. Elle vient de Zurich et voici bientôt dix ans qu'elle s'est installée au Canada. Après avoir enseigné à Genève, elle a candidaté sur un poste de professeur à l'université de Montréal. À l'époque, elle travaillait avec Éric, et d'autres chercheurs nord-américains et européens, sur un projet relatif aux biotechnologies. Christine s'est dit qu'elle n'avait rien à perdre à poser sa candidature, et… ça a marché.

Nous pénétrons dans le bâtiment où l'on prend ses repas et nous nous mettons dans la file d'attente. J'entends les murmures et les rires qui proviennent de la cafétéria. Tout le monde peut y venir : profs, étudiants, personnels administratifs ou invités. Je déteste les cafétérias : c'est un endroit où je dois encore demander de l'aide, une fois de plus. Être aidé, toujours être aidé, cela finit par devenir insupportable. J'aimerais tant me libérer des chaînes de ma dépendance, ne serait-ce que pour quelques instants. Je voudrais recouvrer ma liberté et, sans aucune laisse, courir ici ou là, gambader, un peu comme un chien fou, heureux d'aller où bon lui semble. Je voudrais sortir de ma niche d'assisté permanent. Mais je rêve. Il va bien falloir que je demande un coup de main à Christine pour constituer mon plateau-repas – Christine, que je connais à peine, à laquelle je ne voudrais rien demander, mais que je sens pleine de bonne volonté à mon égard.

De bienveillance, elle ne manque pas, mais Christine ne sait pas très bien comment s'y prendre avec moi. Il est probable qu'elle n'a jamais fréquenté un non-voyant de près. J'en ai l'intuition, je le sens : elle veut bien faire, mais elle craint d'être maladroite. D'ailleurs, elle me demande comment faire pour m'aider quand on sera devant les plats. La situation est donc paradoxale : tandis que Christine est disposée à me rendre service, moi, je ne le voudrais pas. Il me faut pourtant être réaliste : je dois dissimuler ma réticence, prendre sur moi et lui dire quelle est la meilleure manière de me donner un coup de main en pareilles circonstances. Je lui parle donc avec simplicité et naturel, alors que je bous intérieurement. Son premier geste est de vouloir se charger à la fois de son plateau et du mien (on les appelle ici des « cabarets »). Mais ce n'est pas nécessaire. Je lui explique que je peux progresser dans la file en poussant le mien et la suivre. Il suffira qu'elle m'annonce les plats, et je ferai mon choix. C'est la technique la plus commode, et ça marche très bien entre nous. Je choisis une brandade de morue, du Grand Nord, je suppose... et va pour une tarte aux fraises. Au moment de payer, un collègue se propose de prendre mon cabaret jusqu'à la table où nous allons nous installer.

Nous voici assis dans une salle assez grande, qui me semble en partie vide. Le brouhaha des conversations alentour est en effet peu dérangeant. Je cherche à vérifier cette impression auprès de Christine, qui vient s'asseoir à ma droite. « C'est exact, me répond-elle. On est dans la période des cours d'été et nombre d'étudiants sont partis. En temps normal, cette salle est bondée. »

Nous devons être cinq ou six autour de la table. Qui est là ? Je n'en sais encore rien. Christine a la bonne idée de demander à chacun de se présenter. Le premier qui prend la parole est assis devant moi : c'est André, un spécialiste des élections. Il dirige entre autres un programme de recherche international comparant les comportements des électeurs dans plus de cinquante pays : impressionnant ! À ses côtés, il y a Frédéric, professeur en communication politique, qui étudie les pratiques journalistiques, les usages du Web et des médias sociaux : intéressant. Puis vient le tour de mon voisin de gauche, qui se prénomme Théodore : son domaine de recherche est la sécurité internationale et la cohésion des forces armées. « C'est notre petit nouveau », lance Christine.

« Et vous, m'interroge André, quelle est votre spécialité ?

– Je travaille sur les génocides : méfiez-vous ! (*Rires.*)

– Pas seulement sur celui des juifs, donc ?

– En effet, je traite aussi d'autres cas, comme ceux du Rwanda ou de la Bosnie. Mais la définition du génocide peut poser problème. Alors, je préfère parler en général de violences de masse ou de violences extrêmes. »

Ils ont l'air intéressés. Tandis que je déguste ma brandade (elle est vraiment bonne, et quel confort de ne pas craindre de renverser de la sauce sur mon pantalon !), nous conversons sur l'intérêt de la science politique à comparer ces processus de violence. Comme je ne souhaite pas que la conversation se focalise sur moi, j'interroge mon voisin de gauche sur ses recherches : c'est lui qui est le plus proche de mon domaine. Théodore s'exprime avec un léger accent anglophone ; il se demande entre autres comment les chefs d'un groupe armé réagissent face à la désobéissance et à la désertion. Cette question m'intéresse et nous nous engageons dans une discussion animée tandis que les autres collègues parlent avec Christine.

Quelques instants plus tard, je ne remarque pas tout de suite la légère agitation sur ma droite ou en face, je ne sais pas bien. Tout d'un coup, André me lance : « Je vous présente notre doyen ! » Qui ? Quoi ? Où ? Je m'extrais aussitôt de ma discussion avec Théodore et me demande dans quelle direction je dois regarder pour saluer le nouvel arrivant. Où est-il donc ? Comme André est assis en face de moi, je suppose que le doyen est près de lui et je me lève donc pour lui serrer la main mais… mon geste fend le vide. Je rate sa main et comprends qu'il est debout devant moi mais plus à droite, quand il me dit : « Bonjour ! » Je n'en mène pas large et me reproche d'avoir été trop rapide. Ne sachant pas si on l'a prévenu de ma situation, je juge nécessaire de m'excuser de ma maladresse en lui disant que je n'y vois pas. Quel moment embarrassant, quand j'y repense ! Bien qu'ayant toutes les excuses du monde, on se sent ridicule.

Les collègues ont la politesse de faire comme s'ils ne prêtaient pas attention à cet « incident » et la conversation reprend entre nous.

Le doyen, Gérard, me semble plutôt jovial et ravi de nous retrouver. Lui aussi est spécialiste des politiques publiques. Cela fait plus de vingt-cinq ans qu'il est dans le département, et il est dans son second mandat comme doyen. La conversation roule sur différents sujets, et Christine profite de sa présence pour lui poser une question quant à l'organisation d'un cours. Je les écoute discuter les uns les autres, me mettant un peu en retrait. Je m'efforce de retenir la voix de chacun d'entre eux. Pas si simple : ayant vu, il me semble plus facile de retenir d'un coup d'œil des visages que d'enregistrer la sonorité de plusieurs voix. Mais j'idéalise peut-être ma « vie d'avant ». Le repas se termine et Théodore, Christine et moi allons prendre un café dans une autre salle. Puis on repart rejoindre notre bâtiment Lionel-Groulx, longeant à nouveau couloir sur couloir. Mes collègues m'expliquent les raisons de cette architecture : elle permet de se rendre d'un lieu à un autre sans sortir, ce qui évite de se retrouver dans le froid et la neige durant le long hiver canadien.

De retour dans mon bureau, j'en explore plus précisément l'espace. Il est fonctionnel et doté d'étagères métalliques vides que je n'aurais pas le temps de remplir au cours de mes deux mois. Comme il sent le renfermé, je me rapproche de la fenêtre pour l'ouvrir : en vain. J'en parle à Jocelyne, qui m'apprend que c'est impossible. C'est pareil pour tous les bureaux : on est dans un bâtiment des années 1960 ainsi conçu : chauffage en hiver et air conditionné en été, sans ouverture extérieure. Il faudra bien s'y faire, mais c'est un peu oppressant, moi qui aime bien mettre mon nez dehors. Ah ! voilà Martin qui revient, mon sauveur d'informaticien. D'office, il s'installe devant ma machine, sur laquelle il se met à pianoter. « Tout est en place », m'annonce-t-il d'un ton satisfait. Je n'ai plus qu'à me préparer à mon premier cours : c'est demain.

7

Un cours comme un voyage

« Si vous n'êtes pas content du temps, attendez juste dix minutes », me suis-je entendu dire, un jour, à Cambridge (États-Unis). Ce qui vaut pour la Nouvelle-Angleterre vaut-il aussi pour la belle province du Québec ? Ce matin, la radio annonce le retour du soleil mais en fin de journée, un risque de pluie. Qu'importe ! Je n'ai guère envie d'être prudent : je veux croire au soleil, croire qu'il illuminera cette journée, celle de mon premier cours. Donc je m'habille « léger » : je remets mon pantalon marron, une chemise crème, ma veste aux tons rouille et mon chapeau.

Il est 8 h 10 et je suis déjà dans la rue. Mon cours ne commence qu'à 9 heures, mais j'ai pris de la marge : qui sait, si je me trompe de direction dans le métro ? J'entreprends de refaire seul le trajet suivi la veille avec Éric. Quelle sensation délicieuse que la chaleur de ce doux soleil sur le visage, avec ce petit vent frais du matin ! Le trottoir est plus étroit que je ne l'avais imaginé hier… À ma droite, quelqu'un est en train d'ouvrir une boutique. Deux personnes en conversation passent à ma hauteur. Un camion chargé de je ne sais quoi me dépasse. Il fait un bruit épouvantable et doit réveiller tout le quartier…

J'attends sagement que s'arrête le léger flux du trafic automobile pour traverser une rue. Soudain, une voix sur ma gauche m'annonce : « Quinze secondes ! » Surpris, je me tourne dans sa direction. C'est un monsieur qui me déclare : « Il vous reste quinze secondes avant de pouvoir traverser. Il y a un panneau qui vous prévient. D'ailleurs, c'est à vous maintenant. » Ingénieux, ce système de compte à rebours ! Cela fait à peine deux minutes que je suis dehors, et voici déjà un passant qui veille sur moi. Plus loin, une dame me permet d'éviter un carrefour dangereux avant d'entrer dans le métro. Plusieurs voyageurs me guident ensuite dans mes pérégrinations souterraines jusqu'à la station Université-de-Montréal. C'est comme si des anges gardiens avaient protégé ma route. Pas moins de six personnes m'ont prêté leur main, leur bras ou leur voix tout au long de ce bref parcours. Il va falloir que j'améliore mon score, ou plutôt que je le réduise. Et encore, je ne compte pas une septième personne qui doit m'attendre maintenant à la sortie des tourniquets…

Quand nous avions discuté de ma venue, avec Éric, j'avais fait valoir qu'à Paris, Sciences Po me fait bénéficier depuis longtemps de l'assistance d'un étudiant. Ce dernier m'épaule dans mon cours, me donne un coup de main pour le secrétariat ou encore pour mener quelques recherches sur Internet. C'est une aide flexible et précieuse. Pourrais-je aussi en disposer à Montréal ? Éric avait accepté sans difficulté, et il avait proposé à Chloé de me rendre ce service, l'une de ses étudiantes les plus brillantes, me confiera-t-il plus tard. On avait prévu de se rencontrer à la sortie du métro pour faire un peu connaissance, juste avant de rejoindre les autres étudiants.

Je ne suis donc pas surpris, sitôt franchi le tourniquet de sortie, d'être accueilli par un grand : « Bonjour monsieur ! » Pas de doute, c'est elle. C'est une voix légère et discrète qui me salue, toute en finesse. Je me sens gagné par cette légèreté et lui retourne son bonjour. Nous voici partis dans le grand couloir qui débouche sur la rue Jean-Brillant. Je préfère garder ma canne, donc marcher à ses côtés sans lui prendre le bras pour mieux assimiler l'itinéraire. *Tac tac tac*… Elle me dit combien elle est ravie de m'aider et je lui suggère de me parler un peu d'elle. Chloé est en maîtrise Affaires publiques et internationales. Elle s'intéresse à tout ce qui concerne le droit pénal humanitaire. Je m'emploie à bien mémoriser les dénivellations du trottoir à mesure que nous montons doucement vers notre bâtiment Lionel-Groulx. Y a-t-il une région du monde qui l'attire plus particulièrement ? Oui, celle de l'Afrique dite des « Grands Lacs » : Rwanda, Burundi, République démocratique du Congo… Question violences et massacres, elle a de quoi s'occuper. Je remarque que nous traversons la route à l'endroit même qu'Éric m'a indiqué hier. Je devrais pouvoir le retrouver par moi-même. Deux minutes plus tard, nous entrons dans la fac après avoir monté quelques marches. On oblique un peu à droite, puis c'est l'ascenseur. Cette fois-ci, je fais attention aux boutons : les étages sont identifiables grâce à des numéros que je peux déchiffrer avec les doigts.

Au quatrième, Jocelyne est déjà là. Elle me confie tout de suite un code pour ouvrir la salle de cours. Je range ma canne et je me permets de toucher légèrement le bras droit de Chloé avec la main gauche pour cheminer dans le couloir qui conduit à la salle. J'entends bientôt des murmures : des étudiants sont déjà là.

Je passe devant le petit groupe et lance un : « Bonjour, bonjour ! » Il paraît qu'on dit aussi « bon matin » en québécois. Mais je n'ose pas – et puis je suis français... Vais-je parvenir à faire le code par moi-même ? Je me trouve devant un cadran similaire à ceux des distributeurs de billets. Tout le monde attend. J'ai l'impression que ce moment est un peu un rite : au prof d'ouvrir la salle vers le savoir, aux étudiants de le suivre. Les touches sont en relief et, je le suppose, par ordre numérique simple. Donc pas de problème : je tape le code et la porte s'ouvre sans difficulté. J'aurais été gêné de demander de l'aide pour cette simple opération avec tous ces yeux braqués sur moi.

Je sens aussitôt la salle : elle n'est pas très grande, spacieuse néanmoins. Où dois-je m'asseoir ? En me retournant, je découvre un tableau de la main. Je comprends que ma place est juste devant, ce que me confirme Chloé. Celle-ci s'installe près de moi, à ma gauche. J'écoute les autres étudiants prendre place devant moi et sur les côtés. Sont-ils en train de se disposer en cercle ou en carré ? J'interroge Chloé. « Nous sommes autour d'une grande table rectangulaire, me répond-elle, et vous êtes à l'une de ses extrémités. »

Je visualise très bien la situation et cette image mentale me met à l'aise. Je me sens dans mon élément, prêt à prendre en main la classe pour trois heures (de 9 heures à midi), entrecoupées d'une pause. Quelques étudiants continuent à arriver. Ils vont être une petite dizaine au total. Éric m'a précisé qu'en cette période des cours d'été, ce chiffre est plutôt important.

Le silence se fait peu à peu, m'invitant à prendre la parole. Je me présente brièvement et j'engage chacun à en faire autant. Je n'imagine pas débuter cet enseignement sans avoir une idée de l'auditoire. Où en sont-ils dans leurs études ? De quel pays viennent-ils ? Pourquoi ont-ils choisi ce cours ? Je demande à Chloé de noter leurs réponses : elles me seront précieuses pour orienter mon propos et, le moment venu, pour les évaluer. En guise d'étudiants, la classe est surtout composée d'étudiantes. Normal, à Sciences Po c'est la même chose : aux garçons, la finance et le commerce ; aux filles, les droits de l'homme et l'humanitaire. Cliché ? Pas vraiment, même s'il y a bien sûr des exceptions dans les deux cas. La plupart sont inscrits en maîtrise de science politique ou en affaires publiques et internationales. Une autre – c'est la seule dans son cas – est en communication. Il y a encore une doctorante en criminologie qui, précise-t-elle, me connaît déjà à travers certains de mes articles (ça fait toujours plaisir). Elles et ils (j'ai entendu tout de même deux voix de garçons) sont canadiens mais parfois d'origines diverses : rwando-nigérienne, marocaine, guinéenne, haïtienne... Tous expriment une curiosité pour ce cours et, pour certains, la conviction qu'il complétera leur formation en sécurité internationale et en analyse des conflits, particulièrement pour ceux qui projettent de travailler pour une organisation internationale ou non gouvernementale. Quelques autres ajoutent qu'ils ont choisi ce cours parce qu'ils sont fascinés par le mal et cherchent à le comprendre. Vu leurs origines, je me demande si certains n'ont pas aussi été personnellement confrontés à la violence. En tout cas, le groupe est plutôt diversifié, et j'en suis ravi.

Ce tour de table a permis aux étudiants d'exprimer leurs attentes. Une atmosphère d'écoute s'installe entre nous. Je sens que c'est le moment de faire référence à mon état ; il est important de poser d'emblée des mots sur ma non-vue. Peut-être certains ont-ils d'ailleurs remarqué que je touchais le bras de Chloé en arrivant devant la porte et se seront posé des questions. Je reprends donc la parole : « C'est vraiment courageux de votre part d'avoir choisi ce cours au sujet si difficile. Mais vous savez que vous avez beaucoup de chance. Pause… C'est le seul cours où vous pouvez lire un journal sans vous faire remarquer. »

Quelques rires fusent, mais il y a aussi du silence. Certains n'auraient-ils pas compris ? Ou sont-ils en train d'assimiler une nouvelle qui les a surpris ? Je crois donc nécessaire d'être plus explicite : « Vous savez, je n'y vois presque pas. Donc, ne soyez pas étonnés si je vous croise dans un couloir sans vous dire bonjour. Si vous le souhaitez, venez vers moi pour qu'on se salue. »

Petits chuchotements sur ma droite… Maintenant, ils ont compris. Alors, je leur donne quelques consignes ou précisions : « S'il vous plaît, gardez toujours la même place en cours. Je pourrais ainsi plus facilement associer votre prénom à votre voix. Pour m'écrire, pas de problème, je me sers comme vous d'un ordinateur, mais qui est équipé d'une synthèse vocale. Quant au travail écrit que vous aurez à rendre à la fin, je le corrigerai en version numérique. Enfin, pour l'organisation de nos séances, Chloé est là pour m'assister. Des questions ? »

Ils n'en ont pas. Passé sans doute un moment d'étonnement, ils voient bien comment on va pouvoir travailler ensemble. Alors, on peut passer à autre chose et entrer dans le vif du sujet. Je leur explique que ce cours est conçu un peu comme un voyage. Nous allons partir de pays qui pourraient être les nôtres. Petit à petit, leur situation économique et politique se dégrade. Ces sociétés sont rongées par le chômage et leurs institutions sont en crise. Les jeunes ne parviennent plus à se projeter dans l'avenir. Des tensions internes se multiplient avec les dizaines de milliers d'immigrés ou de réfugiés que des discours de haine rejettent comme des « étrangers » à la nation. Alors peu à peu ou par à-coups, on va avancer vers le pire. Les tensions internes se multiplient et, avec elles, des formes de violences de plus en plus graves. Qui sait d'ailleurs si la guerre n'est pas loin, juste aux frontières, à moins qu'elle n'ait déjà gagné ce pays ? Notre voyage va alors tourner au cauchemar : tout à coup, advient le massacre et son cortège d'actes monstrueux. Un processus de destruction est à l'œuvre qui pourrait bien conduire au génocide. Silence général dans la salle.

Dans la seconde partie du cours, on se demandera ce qu'on peut faire : comment un pays peut-il se relever après de telles tragédies ? Comment peut-on faire pour éviter d'en arriver là ? Quel rôle peuvent jouer les médias et les ONG ? la justice internationale ? Comment faire la paix après un crime de masse ? Est-il possible de prévenir un génocide ? On s'appuiera sur des exemples qui pourront être illustrés par des extraits vidéo. Pour préparer chaque séance, je leur précise encore ceci : « Vous aurez à lire quelques textes et on va décider qui d'entre vous, à tour de rôle, les présentera à la classe. » Je sens que ça leur plaît et les questions fusent. Mais c'est bientôt la pause.

Une étudiante se propose d'aller me chercher un café ; deux autres viennent me dire que le sujet de ce cours les passionne. L'une voudrait intervenir dans la séance sur les bourreaux ordinaires, l'autre sur les violences sexuelles. Veulent-elles se placer avant que les autres ne soient au courant ? Pourquoi pas, leur dis-je, mais il faut qu'on en décide en groupe ; une autre encore, Doris, vient me prévenir de son absence à deux séances : elle doit partir en Bosnie avec une ONG. L'administration est au courant. Je comprends : ce sera une bonne expérience pour elle.

Après la pause, nous commentons une bibliographie, et le temps passe à toute vitesse. J'entreprends de « regarder » l'heure sur ma montre équipée d'un verre mobile. On le soulève avec l'extrémité d'un ongle et on peut alors toucher délicatement les aiguilles pour savoir leur position par rapport aux chiffres du cadran, lesquels sont en braille et en relief. Le geste se doit d'être très léger. C'est pratique et silencieux. Je déteste ces montres sonores qui annoncent l'heure d'une voix métallique. Quand on se retrouve dans une réunion ennuyeuse et qu'on cherche à savoir combien de temps il faut encore « tenir », j'ai le privilège de pouvoir consulter l'heure sans me faire remarquer. Le voyant, lui, risque d'être surpris à jeter un coup d'œil sur sa montre. Moi, il me suffit de glisser un instant la main gauche sous la table, puis la main droite et hop ! je sais l'heure. En l'occurrence, il est déjà 11 h 25 ! Il va falloir accélérer un peu pour passer aux choses pratiques, c'est-à-dire à l'organisation des prochaines séances. Les étudiants devront en effet présenter eux-mêmes, chacun à leur tour, les textes mis en lecture. Car ils sont aussi évalués sur la qualité de leur présentation orale. Nous avons besoin de deux volontaires par séance et ça prend un peu de temps. Chloé note les noms au fur et à mesure. Elle fera ensuite un tableau récapitulatif de l'ordre de passage des étudiants. Nous aurons ainsi un document commun qui sera comme le « tableau de bord » du cours. Certains veulent choisir le même sujet, en particulier la séance « violences sexuelles et sens des atrocités ». Mais on y arrive… Et c'est fini pour aujourd'hui.

Je prends congé des étudiants, et Chloé se propose de m'accompagner à mon bureau. Je crois déjà connaître le chemin ; nous y allons quand même ensemble, je la remercie et on se donne rendez-vous dans deux jours, pour la prochaine séance. Ces trois premières heures sont passées vite et j'ai l'impression que le cours est bien parti. C'est l'heure du déjeuner, ici du « souper ». J'ai une petite faim et je projette d'aller me restaurer à la cafétéria. Pas celle d'HEC, qui me semble inaccessible au bout de corridors infinis. En revanche, j'ai appris qu'il en existe une autre, qu'on appelle « Chez Valère », située dans notre propre bâtiment. Alors pourquoi ne pas l'essayer ? J'en parle à Jocelyne, que je retrouve au secrétariat.

« Je vous accompagne, me dit-elle spontanément. De toute façon, c'est mon heure de pause. » Je proteste : je vais bien la trouver puisqu'elle est juste deux étages plus bas. Mais Jocelyne insiste pour me montrer le chemin. Nous prenons donc l'ascenseur et en sortant, on oblique sur la gauche. Nous continuons tout droit et j'entends bientôt un brouhaha…

« C'est là ?

– Non, pas encore. Ici on peut juste prendre un sandwich et une boisson. Je vous emmène un peu plus loin, où l'on sert de vrais repas. »

Ce petit attroupement sur le chemin de la cafétéria devrait être un bon repère sonore, et je remarque que nous obliquons alors sur la gauche pour aller ensuite à peu près droit. Nous y voilà : ça va être assez commode de m'y rendre. Jocelyne m'aide à prendre un cabaret et me laisse dans la queue : elle est désolée, elle ne peut rester avec moi. Je la sens un peu inquiète.

J'avance dans la file mais, bien entendu, mes gestes sont hésitants. Pour qu'on ne me prenne pas pour un type bizarre, je dois sortir mon signal de détresse tout de blanc dressé. C'est le moyen d'envoyer un SOS à la ronde dès que j'arrive dans des eaux agitées, du moins incertaines. Car comment puis-je choisir un plat sans en demander la nature, alors qu'il est juste devant mes yeux ? Mon drapeau blanc permet de me faire aussitôt identifier en zone trouble, donc d'attirer le regard et l'aide d'autrui. *Help!* Justement, la personne qui est derrière moi dans la queue veut bien me donner un coup de main. C'est une étudiante à la voix un peu fluette. J'accepte, bien sûr. Une fois payés mes spaghettis à la bolognaise, celle-ci me guide pour trouver une place et s'installe à la même table, en face de moi. Je me protège avec plusieurs serviettes en papier pour parer à toute chute intempestive de sauce tomate. On échange alors quelques mots : j'apprends qu'elle est d'origine haïtienne et qu'elle fait des études de psychologie. Je n'en saurai pas davantage : elle a l'air timide, mais surtout soucieuse. Moi-même, je n'ai pas très envie de parler : je repense aux étudiants que je viens de rencontrer, et je cherche à mémoriser leurs prénoms. Le murmure des conversations alentour enveloppe notre silence. Quand, tout à coup, j'entends sur ma droite : « Alors, comment ça va ? Ça vous plaît, ce qu'on mange ici ? » Je reconnais la voix de Jocelyne. Elle doit se rendre compte de ma surprise et ajoute : « Comme je devais repasser par ici, je voulais voir si tout allait bien pour vous, si tout est sous contrôle », précise-t-elle, sans doute en souriant. Oui, oui : pas de problème. Elle constate que je suis sagement assis à une table en train de déguster une tarte aux pommes, un peu sèche à mon goût. Donc, hormis ce dessert plutôt moyen, tout va bien. Jocelyne repart rassurée, pour rejoindre son bureau.

Je vais bientôt en faire autant. Il faut en effet que je me mette à préparer sans tarder une communication en anglais pour un séminaire qui doit se tenir à Londres début juillet. Celui-ci portera sur la question du sauvetage des juifs en Europe occidentale (France, Belgique, Pays-Bas) et mon dernier livre, *Persécutions et entraides*, doit y être discuté par plusieurs historiens. Les organisateurs m'ont demandé de faire une communication préalable pour introduire le débat. C'est la première fois que l'un de mes ouvrages fait ainsi l'objet d'une telle attention en Grande-Bretagne. Compte tenu de l'enjeu de cette rencontre, je tiens à ce que mon texte introductif soit particulièrement soigné. Revenu à mon bureau sans problème, je commence donc à coucher mes premières idées sur l'écran après avoir fait basculer ma synthèse vocale Jaws en anglais. Il est fascinant de pouvoir passer aussi aisément d'une langue à une autre, et d'entrer ainsi dans un nouvel univers de sons et de sens, comme si l'on changeait un peu de monde. Ma connaissance de l'anglais est assez correcte, mais je suis loin d'être bilingue. Écrire en anglais me demande donc bien plus d'efforts qu'en français, et mon texte devra de toute façon être revu par un *native*, américain ou britannique.

L'après-midi est déjà bien avancé quand Éric vient me proposer que nous rentrions ensemble. Sans doute souhaite-t-il avoir des échos de mon premier cours. Mais j'imagine aussi qu'il veut me rendre service. Avec plaisir. Une demi-heure plus tard, nous prenons le chemin du métro, et discutons à bâtons rompus : des étudiants, de ma première séance, mais aussi de hockey ou encore de la passion d'Éric pour le vélo. Il prépare pour le mois de juin un long voyage en solitaire, de Montréal à Carleton-sur-Mer, en Gaspésie. Une dizaine de jours en selle : ce sera une vraie épreuve physique, un moyen de tester sa résistance à l'effort, lui qui, comme moi, passe une bonne partie de son temps devant son écran d'ordinateur. Tout en me racontant l'aventure qui l'attend, il s'est mis à me tutoyer, et j'en fais autant. Le courant passe bien entre nous.

Nous nous séparons à Rosemont. Je ne résiste pas à la tentation de faire une halte au petit marché, juste à la sortie du métro. Je m'achète un muffin, pour le petit déjeuner de demain matin. Cela me rappellera un peu les États-Unis, où j'en avais mangé pour la première fois ainsi que des bagels.

J'ai maintenant rendez-vous avec Mme ma propriétaire, qui revient s'occuper de la connexion Internet, puisque dans son appartement, je suis toujours coupé du monde. Juste le temps de me faire chauffer un thé et *drrrring*, c'est elle. « Alors, comment allez-vous ? Je vous apporte un nouveau séchoir, puisque l'autre était cassé. » Je ne me souviens pas du tout qu'on en ait parlé. Il est vrai que je vais devoir faire tourner une première lessive. Bizarrement, elle ne me demande pas si je me débrouille avec sa machine à laver !

« Et votre connexion Internet ? » Je lui apprends qu'ils ont trouvé une solution à l'université et qu'il n'y a donc pas de raison pour que ça ne marche pas aussi chez elle.

J'ouvre mon ordinateur, elle se remet à pianoter mais le WiFi ne s'établit toujours pas : consternation. En prévision de ce nouvel échec, la propriétaire a cependant pensé à une autre solution. Elle a apporté un câble Ethernet pour relier directement mon ordinateur à son modem. Bingo ! Après installation, mes nouveaux messages commencent à arriver dans ma boîte de réception. Nous manifestons tous deux notre satisfaction. Je la sens un peu plus à l'aise avec moi. Elle a dû remarquer que j'avais fait quelques courses, et se dire que je suis, finalement, un locataire à peu près comme les autres…

8

Le balcon au bout du tunnel

Ce matin, gros énervement au réveil. Je cherche à passer un coup d'éponge sur la table avant de prendre mon petit déjeuner. Mais où est donc cette fichue éponge, qu'en ai-je fait hier soir ? Pour qui voit, un simple coup d'œil suffirait à la retrouver. Pour moi, c'est un peu plus compliqué : ce ne peut être qu'un coup de main. J'ausculte donc les surfaces proches : je touche le lavabo, le haut du micro-ondes, du réfrigérateur, balaye le dessus de la plaque électrique, du plan de travail, de l'évier… C'est lent et laborieux, d'autant que je suis à peine sorti du lit. De plus, il faut faire attention à ne rien renverser, à ne rien heurter. Un verre qui traîne par là, c'est vite cassé et Mme la propriétaire ne serait pas contente. Ah, voici une assiette sale que j'ai oublié de mettre dans l'évier ; mais pas d'éponge à l'horizon de mes doigts. Ça commence vraiment à m'irriter. Alors je prends à témoin le réfrigérateur qui, lui, de sa hauteur, possède une vue plongeante sur la cuisine. Au moins pourrait-il me donner un indice ? Vers où chercher ? Mais l'imbécile ne dit rien et je reste livré à moi-même.

Après cinq bonnes minutes d'auscultation générale, RIEN ! Je n'en peux plus. L'exaspération gagne. Il faut me calmer. Sage décision : me verser un bon verre de jus d'orange et le boire à petites gorgées pour reprendre des forces avant de repartir à l'assaut. Imaginer une contre-stratégie pour me remettre en chasse. Me distraire l'esprit en allumant la radio, qui parle bien entendu du prochain match de hockey du Canadien. Encore !

S'y remettre quand même et avec méthode. Recommencer l'exploration par un autre versant : après tout, si cette éponge était restée tout simplement sur un coin de table ? Si elle était tombée sur une chaise ? Re-auscultation, re-tâtonnement. C'est bien le mot : je tâtonne. Où es-tu donc nichée, éponge de malheur ? Tu te planques quelque part, hein ? Tu le fais exprès, juste pour m'embêter.

Soudain, un éclair de bon sens me traverse le cerveau. Je suis déjà un peu mieux réveillé et je me dis (comment n'y ai-je pas pensé plus tôt) : et si elle était tout simplement tombée par terre ? Ce n'est pas très pratique et pas très beau, mais il faut, pour le vérifier, explorer le sol avec mes mains, presque à quatre pattes… Bon, personne ne prendra de photos de cet instant mémorable. Au diable l'élégance ! Je vise l'efficacité. Je n'ai pas le choix. Et me voilà à nouveau parti en exploration, mais cette fois-ci au niveau zéro de mon espace, balayant de manière systématique le sol de la cuisine. Et, ô victoire ! je la déniche enfin, gisant là, entre la poubelle et l'évier. L'éponge était juste à mes pieds, gentille, inerte, paisible, en train de m'attendre sagement, désolée de ne pas avoir une petite voix pour m'avertir : « Eh ! Je suis là ! »

Hormis cet « incident » matinal, cette journée s'annonce très belle. Il fait déjà un temps magnifique. Je suis sûr que toutes les conversations du jour tourneront autour de ce beau temps que tout le monde attendait et qui est enfin là, que les filles vont se mettre à porter des robes légères et courtes, les hommes des shorts ou des bermudas... Quant aux pépinières, elles vont être prises d'assaut pour fleurir balcons et parterres de maisons. Comme j'ai l'intention de faire une première lessive, ça tombe vraiment bien pour moi aussi !

Je veux démentir la prophétie de ma propriétaire, qui a sous-entendu le premier jour que jamais je ne pourrai me servir de sa machine. J'ouvre la porte du réduit où est cachée la bête qui dort encore. Juste au-dessus d'elle, on a installé une étagère en bois sur laquelle est posé un bac en plastique. C'est commode : on peut y entasser son linge sale. Je m'empare donc des chemises, chaussettes et sous-vêtements (je vous passe les détails), pour les engouffrer dans la grande bouche de l'animal. Ah oui, je vérifie que j'ai bien pris les deux chaussettes. Il se pourrait que dans le transfert, j'en aie oublié une en route. Je fouille donc dans le tas de linge, désormais dans le ventre de la machine, et je les retrouve. Au toucher, leur tissu est identique : ce sont bien les deux mêmes copines. Il ne me reste plus qu'à ouvrir la bouteille de lessive liquide pour en verser un peu à l'intérieur. Opération délicate : je dois en mettre dans le bouchon pour en mesurer la quantité – pas plus de la moitié m'a-t-on conseillé. Avec mon index gauche, que j'introduis à l'intérieur du bouchon, je vais pouvoir contrôler le niveau à mesure que je verse le produit. Mais mon geste est trop rapide : j'en mets trop et ça déborde. Le liquide tombe dans le tambour. Tant pis, mon linge sera plus blanc que blanc. Je referme le capot et, moment décisif : il faut presser sur le bon bouton, ma concentration est maximale et je retiens ma respiration. C'est le second à partir de la droite, j'en suis certain. Aucune idée de ce qui est écrit dessus. Mais je sais qu'il déclenche un programme de lavage de trente minutes. J'appuie. Silence… Ciel, me serais-je trompé ? Mais non, j'entends un premier gargouillis : l'animal réagit. Vient ensuite un bruit plus incisif et continu : ce doit être l'eau qui arrive, insouciante et joyeuse. Puis re-silence, suspense, que se passe-t-il donc ? Je prête l'oreille. Je perçois alors comme un son électrique discret et rassurant, signal que la machine est bien sous tension. Enfin, le tambour se met à tourner : *vroum, vroum, vroum*… Pas de doute, la bête a commencé sa ronde. C'est beau, la technique !

Je vais pouvoir vaquer à d'autres occupations, par exemple consulter mes courriels. Il faut pour cela que je m'installe sur la table de la cuisine où se trouve le modem, pour y être relié par le câble. Je ne suis donc pas loin de la machine, qui continue ses ronronnements mécaniques. Mais j'ai envie de faire entrer un peu d'air dans la pièce avant de me mettre au travail : j'ouvre la porte de la cuisine qui débouche sur les escaliers casse-gueule menant à la poubelle. Aussitôt, un gazouillis d'oiseaux enchante mes oreilles. Je sens le soleil pénétrer dans la pièce. Je suis saisi par ce moment. Je reste là, immobile devant la porte, à goûter cet air délicieux du matin. Que c'est agréable ! Je fais le vide dans ma tête et je me laisse envelopper par cet instant de paix qui me traverse le corps. C'est décidé : je vais travailler dans la cuisine avec la porte ouverte pour avoir la sensation d'être à la fois dedans et dehors.

Brusquement, la bête à tambour se met à faire un bruit épouvantable. Je l'avais oubliée, celle-là. Que se passe-t-il ? Je me précipite vers elle et j'ouvre la porte de son réduit. Je la touche : elle tremble de tout son corps, la malheureuse. Elle éructe, elle gémit, comme saisie de spasmes. J'ai peur qu'elle rende l'âme. Mais non, elle est dans la phase terminale de l'essorage pour laquelle elle réunit toutes ses forces. Elle pousse un cri déchirant et finit par expirer comme pour me lancer : « Ça y est, j'ai fini de bosser. »

Merci, ma grande ! Je vais profiter de cette belle matinée ensoleillée pour faire sécher le fruit de ton travail. Certes, je ne peux vérifier si tu me rends mon linge dans un état impeccable, mais je le suppose ; je te fais confiance. Si Mme la propriétaire passait par là, elle n'en croirait pas ses yeux : je vais m'empresser de décorer son séchoir avec mes chemises, mes maillots de corps et mes slips, trophées éclatants de blancheur au soleil de printemps. Je vais installer le séchoir juste à l'extérieur de la porte de la cuisine. Mais où exactement ? Une fois cette porte franchie, on se retrouve sur un seuil protégé par une balustrade en bois et on emprunte alors à droite les escaliers raidasses. Il n'y a pas beaucoup de place de ce côté-là, et le séchoir va bloquer le passage. Mieux vaut donc le mettre à gauche, mais est-ce vraiment possible ? Pour en avoir le cœur net, je laisse glisser une main sur la balustrade et j'avance vers la gauche. Et ô surprise ! je découvre un nouvel espace : cette balustrade se prolonge au moins sur trois mètres. On peut donc profiter d'une sorte de balcon-terrasse, où il est possible de mettre au moins trois chaises pour se dorer au soleil.

Voici déjà plusieurs jours que je demeure dans cet appartement et je n'avais pas encore remarqué cette ouverture sur la gauche. Je suis en colère contre moi-même et aussitôt submergé par une vague de tristesse. L'aurais-je oublié que cette découverte me rappelle que j'évolue en permanence dans un univers opaque. On voudrait ne plus y penser, mais c'est impossible. C'est comme si vous étiez, comme si vous viviez dans une grotte qui n'aurait aucun mur physique. Ce sont vos yeux qui font barrage : plutôt que de vous renvoyer les lumières du monde, ils vous en bloquent l'accès. Les salopards ! J'habite ainsi dans une cellule immatérielle, invisible, dotée d'épaisses parois grises. Venez donc me rendre visite, juste pour voir. Cela me fera un peu de compagnie. Vous constaterez que je ne discerne rien de ce qui est de l'autre côté. C'est étouffant. Bien sûr, je ne vous le souhaite pas. Mieux vaut que vous restiez à votre place pour me raconter le monde.

Mille fois je marche sur un même trottoir, mille fois je passe devant les mêmes boutiques sans en rien savoir. À moins que quelqu'un me dise : « Ici, c'est un salon de coiffure ; là, un magasin de vêtements ; plus loin, c'est une agence de voyages. » C'est la même chose pour ce balcon extérieur. J'ai ouvert déjà plusieurs fois la porte pour me rapprocher à droite de l'angoissant escalier métallique. Je n'avais pas encore eu la curiosité de m'intéresser à ce qui se trouvait sur la gauche. Cette « opération lessive » me le fait découvrir. Je devrais en être ravi, puisque l'habitation de ce studio n'en devient que plus agréable. Mais mon cœur se serre. J'ai à nouveau dans la bouche le goût âcre de mon enfermement. La seule chose réconfortante de ma condition est que je peux trouer ces parois de gris. Alors, avec mes mains, mes pieds et mes oreilles, je creuse des tunnels comme une petite souris… J'ouvre de nouvelles galeries, je grignote de l'espace, je l'élargis, du moins j'élargis la conscience mentale de mon espace. Tout en étant encellulé, j'acquiers alors la sensation de me dégager un peu plus de ma clôture. C'est comme si j'ouvrais de nouvelles pièces de vie dans ma grotte intérieure.

Je déplie donc sur la gauche ce fameux séchoir, non sans difficulté. Après avoir déniché des pinces à linge dans le réduit de la machine à laver, je peux enfin étendre mon linge. Je reviens ensuite dans la cuisine pour me remettre à l'ordinateur. Le travail devrait m'aider à sortir de mon état de « blues ». Voici déjà plus d'une heure que j'y suis, quand un bruit me parvient de l'extérieur. Ça ressemble au frottement des pieds du séchoir sur le sol. Quelqu'un est en train de le déplacer. Qui est-ce ? Quel est donc cet intrus qui ose toucher mes affaires ?

« Bonjour, je suis votre voisin. Je me suis permis de déplacer un peu votre "rack à linge" car vous l'avez installé juste devant ma porte. » La voix, très aimable au demeurant, me prend totalement au dépourvu, et mon visage doit exprimer la surprise. C'est comme si un lutin était sorti tout à coup de sa boîte sans que je m'y attende. Alors la voix se sent obligée de me donner une explication : « Vous savez, j'habite juste à côté de vous, et j'ai moi aussi une porte qui s'ouvre sur le balcon. » Ah bon ? Rien remarqué, une fois de plus. Voici que je progresse encore dans la connaissance mentale de mon espace. Je ne m'étais pas aperçu qu'il y avait un autre appartement à côté du mien. Sinon je n'aurais jamais mis mon… comment vous dites ? « rack à linge » devant votre porte. Je suis désolé. Mon voisin, un monsieur donc, au bel accent québécois, est resté sur le seuil, tandis que je suis toujours assis devant l'ordinateur, de sorte qu'il n'a pu se rendre compte de ma condition. Je m'apprête à lui en parler quand il m'interrompt :

« Je sais que vous n'y voyez pas... Je vous ai croisé hier matin dans la rue... C'est moi qui vous ai dit : "Il vous reste quinze secondes" quand vous attendiez pour traverser. Vous vous souvenez ? Je vous ai ensuite regardé vous engager, vous n'alliez pas tout à fait droit... Vous avez bien du courage ! » Bien sûr que je me souviens de ce moment. Et ce qu'il dit me touche. C'est la première fois que quelqu'un parle de moi, ici à Montréal, en observateur extérieur de ma conduite. À travers ces quelques mots, je perçois de la compassion mais aussi un peu d'inquiétude. Bon, il doit partir faire une course mais on se reverra bientôt, c'est sûr. Après son départ, je repense à cette rencontre inopinée. L'idée que j'ai un voisin me plaît et me rassure.

9
Interagir, disent-ils

Aujourd'hui, je fais cours et je suis heureux de retrouver mes étudiants. Me voici à nouveau sur le quai du métro Rosemont : ça commence à être une habitude. Sauf que j'observe un phénomène curieux. Je ne perçois plus le bruit du métro comme au premier jour. D'ailleurs, je devrais dire *les* bruits. Car la première fois, quand la rame est entrée dans la station, c'était comme une masse bruyante, impressionnante, qui pénétrait dans mes oreilles, dont je devais absolument m'éloigner. Ce matin, j'observe que la perception de ce même moment est bien différente. Tout d'abord, je n'entends pas la rame arriver : je la *sens* qui s'annonce. Comment ? À travers le mouvement d'air que provoque son approche et qui me balaie le visage. C'est juste après que j'entends les premiers grincements qui indiquent son entrée imminente. Ils vont *crescendo* et atteignent leur pic quand le métro arrive sur le quai. C'est un moment unique, d'une fraction de seconde, où s'entremêlent bruit, vent et vitesse. Puis la rame s'immobilise et les grincements s'arrêtent net. Aussitôt retentit un *schlock*, qui accompagne l'ouverture des portes. Bref silence, suivi d'une petite musique qui clôt ce cortège de sons. C'est le signal qui prévient les voyageurs de la fermeture des portes. En route pour la prochaine station. Ma perception du métro entrant dans la station s'est ainsi transformée en quelques jours : elle est passée d'un bloc mobile globalement bruyant à cette séquence de sensations et de sonorités différenciées. C'est comme si mon ouïe était devenue plus fine. La vision ne provoque-t-elle pas quelque chose de semblable ? Quand on regarde un tableau ou un paysage, on en a d'abord une vue d'ensemble et puis les yeux perçoivent de mieux en mieux les détails.

Il est vrai que je me sens moins anxieux et donc un peu plus à l'aise dans mes déplacements. J'observe que l'on m'aide moins sur ce trajet de chez moi à l'université, puisque je commence à mieux le connaître. Le nombre de personnes qui vous aident ne représente-t-il pas le degré de température sur le thermomètre de votre autonomie ? Plus vous avez de température et moins vous êtes autonome. Ce n'est pas si facile de la faire baisser, car on reste toujours dépendant d'une façon ou d'une autre. Ce matin, je vais quand même un peu y réussir. Personne ne m'a aidé en allant au métro ou en y entrant. Et j'ai demandé à Chloé de ne pas m'attendre. Je me sens d'attaque pour partir à la conquête de Lionel-

Groulx. Tandis que je monte la rue Jean-Brillant, mon pas demeure néanmoins hésitant. Une dame se présente à ma hauteur et me propose son aide. Pas de refus, d'autant que je ne suis pas très en avance. J'accepte volontiers, sans trop lui faire la conversation. Je pense à mon cours, qui va commencer dans une dizaine de minutes.

Ce matin, je vais leur faire une « vraie » leçon. La première séance a été une mise en jambe, consacrée à des questions d'organisation et de présentation mutuelle. On va maintenant entrer dans le vif du sujet. Je monte au quatrième, tourne à gauche en sortant de l'ascenseur et de nouveau à gauche : je me trouve alors dans le couloir de notre salle de cours. Des étudiants sont déjà là, dont Chloé, qui me salue. Elle est venue en vélo et me demande si tout s'est bien passé de mon côté. Oui, oui pas de problème. J'ouvre la porte grâce au code secret. Je me demande s'il l'est tant que ça, et les étudiants commencent à entrer. Chacun prend place autour de la grande table. J'espère à peu près au même endroit que la dernière fois. Il faut régler au préalable une question de date pour un exposé. Pendant ce temps, j'entends des ordinateurs se mettre en route. Allez, c'est parti !

Le thème du cours est la notion de « génocide ». J'expose l'étymologie et l'histoire du terme jusqu'à sa reconnaissance par le droit international, l'extension de son usage, à plus ou moins bon escient, la différence avec la notion de « crime contre l'humanité ». Nous réfléchissons ensemble, au fil des questions posées par les étudiants, sur les critères qui définissent un génocide, sur le processus qui conduit du massacre au génocide ou plus généralement à la perpétration de violences de masse. Après la pause, nous étudions le texte de la Convention de l'ONU de 1948, et je leur présente les travaux des chercheurs en « genocide studies », comme on dit aux États-Unis, et les différents courants auxquels ils appartiennent. Le cours se termine. Ils ont l'air contents. Mais n'ai-je pas parlé trop longtemps, surtout à la fin ?

À la sortie, je retrouve Chloé. Elle doit m'accompagner dans un service administratif en fin d'après-midi. Il faut se rendre en centre-ville, dans un quartier que je ne connais pas encore. Je lui propose qu'on déjeune ensemble à la cafétéria la plus proche. Elle est d'accord, et aimerait inviter son amie Doris à se joindre à nous. Bien sûr, avec plaisir. Nous y allons tout de suite, empruntant le chemin que je commence à mémoriser. Arrivés dans la queue de la cafétéria, Chloé m'aide avec simplicité et naturel. On s'installe tous les trois à une table un peu à l'écart et on commence à discuter de tout et de rien. Chacun éprouve le besoin de se changer les idées après ces trois heures de cours. J'aime ce moment. Je me dis qu'à Paris, je ne l'ai pas connu. Qu'un professeur se retrouve à partager un déjeuner avec certains de ses étudiants de maîtrise est fort rare. C'est bien sûr possible. Mais alors il faut une raison particulière, prévoir un jour, un lieu, etc. C'est tout de suite un peu plus formel. Ici, les choses se font plus spontanément, grâce en partie à l'existence de ce type de lieux de restauration, installés au cœur des bâtiments universitaires, où peuvent s'entremêler professeurs et étudiants.

Au dessert (une salade de fruits sous film plastique, pas terrible...), je ne résiste pas et leur demande ce qu'elles ont pensé du cours. Difficile pour elles d'en dire du mal devant moi, mais je souhaite quand même avoir leur retour : ça pourrait m'aider par la suite. Le cours ? Elles ont bien aimé. Elles ont appris des choses, etc. Mais je sens qu'elles sont aussi un peu soucieuses. De quoi ? Je n'arrive pas à le deviner. C'est Chloé qui s'enhardit :

« C'est bien de laisser parler les étudiants, vous savez.

– Mais ne vous ai-je pas laissé le faire ?

– Oui, c'est vrai. Mais on a l'habitude ici de faire des cours plus interactifs. » Tiens, je crois entendre les mots d'Éric, et aussi de Christine.

« Que voulez-vous dire ?

– La dernière fois, nous avons établi ensemble un ordre de passage des étudiants qui doivent, chacun à leur tour, présenter les textes en lecture pour toute la classe. Ce serait bien que vous laissiez cet étudiant animer la séance. On fait souvent comme ça ici. Il ou elle parle environ quinze minutes pour faire ressortir les points importants des textes. Puis il pose deux ou trois questions à la classe et la discussion s'engage. Chaque étudiant donne alors son avis.

Tout le monde est tenu de prendre la parole, car on sait qu'on est évalués entre autres sur notre participation et sur la pertinence de nos remarques. »

Chloé m'a parlé sans se montrer insistante, encore moins véhémente. Je comprends qu'elle cherche à me transmettre quelque chose d'essentiel de la pédagogie pratiquée dans ce pays. Y a-t-il chez elle la crainte, sans doute partagée par d'autres de ses camarades, de subir les cours jugés trop formels d'un professeur venu de France ? C'est comme si elle me disait : « Laissez-moi vous expliquer comment les profs font avec nous. Vous pouvez bien sûr être plus didactique, mais ça nous ferait plaisir que vous vous ouvriez à la manière d'enseigner ici car elle permet aux étudiants d'être acteurs du cours et pas seulement en position d'écouter le professeur. » Doris, qui n'a pratiquement rien dit durant cet échange, approuve son amie.

Depuis que je suis arrivé au Canada, je réalise que collègues et étudiants m'envoient ce même message : « Chez nous, les cours sont très interactifs », sous-entendu : « Ce n'est pas comme en France. » Mon premier réflexe serait de contester cette réputation négative, qui me semble relever de la généralisation. Mais il est vrai aussi que ce jugement des Canadiens sur notre enseignement n'est pas que pur cliché... Pour ma part, je cherche à être aux antipodes de ce stéréotype du prof perché sur son estrade et distillant son cours à des étudiants qui n'ont le droit que de se taire. Comme d'autres collègues, je m'efforce au contraire de susciter le dialogue. Je n'imagine d'ailleurs pas qu'il puisse en être autrement, compte tenu de l'objet très sensible de mon enseignement. Parler de choses aussi graves que le génocide et la barbarie des hommes suppose nécessairement que les étudiants puissent s'exprimer sur ces sujets ô combien délicats. Ceci dit, ce que me suggère Chloé, je n'en ai pas vraiment l'expérience. Alors pourquoi ne pas essayer ? J'ai envie de jouer le jeu, de faire preuve de souplesse et d'adaptation. Il sera bien temps d'en faire le bilan à mon retour à Paris. La situation est quelque peu ironique : je viens pour leur apprendre des choses et voici que je me mets en position d'apprendre d'eux. Je le leur dis, et ça les fait rire…

Nous saluons Doris, et je pars prendre le métro avec Chloé. On doit se rendre dans un service administratif situé boulevard René-Lévêque ouest, donc en plein centre-ville. Je n'en ai pas retenu le nom, mais c'est là où l'on doit m'attribuer un numéro d'assistance sociale (indispensable à qui travaille dans ce pays, qu'il soit canadien ou étranger). Nous descendons à la station Place-d'Armes et, en sortant, je perçois tout de suite que nous sommes au milieu d'un espace assez vaste et aéré. C'est surprenant : vous ne voyez pas les bâtiments mais vous devinez qu'ils sont assez loin de vous, que de larges avenues les séparent. Conséquence : pas facile pour moi d'y évoluer, car les murs qui donnent des repères sont loin. J'ai bien fait de demander à Chloé de m'accompagner. Pourrais-je y venir seul une autre fois ? Il faudrait pour cela que je dispose enfin de mon téléphone magique équipé du GPS. Mais quand l'aurai-je, celui-là ? Nous marchons depuis un petit moment : c'est assez venteux ; le Saint-Laurent n'est pas loin. On vient d'obliquer à gauche pour s'engager sur le boulevard René-Lévêque. Nous arrivons enfin à l'adresse indiquée. Nous pénétrons dans le bâtiment et immédiatement, Chloé me précise : « Nous sommes dans un hall immense avec de grands arbres. » Incroyable ! Jamais vu ça avec mes yeux. J'ai du mal à me représenter cet espace intérieur. Quelle est donc la hauteur de plafond ? A-t-on voulu symboliser la belle verdure du Canada en pleine ville ? Nous montons au bureau indiqué et entrons dans une grande salle. Il faut trouver à s'asseoir et attendre son tour. Cet endroit me rappelle le bureau de l'immigration, à mon arrivée à l'aéroport. On doit bien être une cinquantaine, me dit Chloé. J'entends parler espagnol et anglais avec un accent un peu spécial. Ce pourrait bien être des Pakistanais ou des Indiens ? L'atmosphère est calme. Il n'y a pas d'énervement. On appelle les noms à intervalles réguliers. Certains sont à consonance arabe. À mon avis, on va attendre longtemps. Chloé va se renseigner : il faut bien compter une heure à une heure et demie.

Elle a apporté du travail en prévision de cette attente. De mon côté, je vais me plonger dans un nouveau roman que je viens de commencer : *Canada*, de Richard Ford.

Lydie me l'a offert avant mon départ pour me mettre dans l'ambiance du pays. En réalité, l'intrigue débute aux États-Unis, au début des années 1960. C'est l'histoire d'un couple du Montana, les Parsons, qui un beau matin part braquer une banque dans l'État voisin du Dakota du Nord, laissant endormis dans la maison leurs deux adolescents jumeaux. Les parents menaient une vie assez minable mais tranquille et on se demande pourquoi ils passent ainsi à l'acte. Cette intrigue n'est pas sans rapport avec le sujet de mon cours… L'intérêt du roman est que l'histoire est racontée par le fils. Les Parsons vont vite être arrêtés, et le garçon va se trouver livré à lui-même, tout comme sa sœur. Je ne comprends toujours pas pourquoi le titre de ce livre est *Canada*, mais le narrateur va bien finir par l'expliquer. En tout cas, Richard Ford a une belle écriture, dépouillée et mystérieuse… Et puis, le livre est bien lu.

Mais où est Chloé ? Absorbé par l'intrigue, je reviens au monde extérieur. Je me demande si elle est toujours assise à côté de moi. Si oui, elle est vraiment très silencieuse. C'est comme si elle avait disparu, comme si elle s'était évanouie dans l'air de cette pièce. Est-elle plongée dans ses cours ? partie aux toilettes ? Je finis par douter de sa présence. Curieux, je l'interroge sur ce qu'elle est en train de faire. C'est aussi un « truc » pour m'assurer qu'elle est toujours là…

« Je suis en train de lire un article pour un autre cours sur ma tablette, m'explique-t-elle. J'y installe tous les textes qu'on doit étudier. Je peux souligner un passage ou y insérer des commentaires. C'est très pratique. » Plus que ça, me dis-je en moi-même : c'est extraordinaire ! Je me revois étudiant, voici quarante ans, avec les polycopiés de plus ou moins bonne qualité que nous donnaient les profs, bardé de mes classeurs où je rangeais les notes prises en cours, sur des feuilles A4 petits carreaux avec deux trous sur le côté. Aujourd'hui, nous sommes dans un autre monde où j'aurais envie de redevenir étudiant, avec ou sans mes yeux – de préférence avec. À ce propos, j'ignore si ce type de tablette est accessible aux non-voyants. Il faudra que je me renseigne. À mon avis, on doit en être au début.

Ah, j'entends qu'on appelle mon nom. Chloé m'accompagne jusqu'à un bureau. J'imagine qu'on voit que je n'y vois pas. Mais l'employée, c'est une dame, ne me fait aucune remarque. Elle me demande mon permis de travail temporaire. Puis elle se met à taper quelque chose sur son ordinateur : *clic-clic-clic-clic-clic*. Je ne sais pourquoi, ce cliquetis léger me semble joyeux, un peu comme un cheval lancé au trot dont les sabots résonneraient sur des pavés. La dame me demande où j'habite à Montréal et les prénoms de mes parents. J'ignorais, en venant dans ce pays, qu'on convoquerait ici leur mémoire. À nouveau, le cheval se met à trotter. Enfin, la dame me glisse un papier dans la main : « Voici votre numéro d'assistance sociale. Je vous conseille de l'apprendre par cœur, car on vous le demandera souvent.

Il y a quelque temps, notre service vous aurait donné une carte plastifiée. Mais, à cause des restrictions budgétaires, ce n'est plus qu'une feuille de papier, vous comprenez ? » Je comprends... Je la sens désolée, comme si elle regrettait ce temps. J'observe néanmoins l'efficacité du service : en à peine dix minutes, mon dossier a été réglé.

Retour à l'extérieur et au métro. Chloé repart à l'université : elle a encore un cours à 18 heures. Moi, je vais m'arrêter au métro Parc : j'ai déposé hier mon téléphone dans une boutique du quartier, pour le faire « débloquer » (pour la modique somme de trente-cinq dollars, payables d'avance, bien évidemment !), et je suis impatient de le récupérer. Quand j'entre dans le magasin, la jeune femme derrière le comptoir me reconnaît tout de suite et me dit qu'elle va prévenir son collègue qui s'est occupé de mon téléphone. Pourquoi ne me le donne-t-elle pas immédiatement ? S'il avait été prêt, elle m'aurait simplement demandé mon nom pour me le rendre en état de marche. Je crains quelque chose. Cinq minutes plus tard, Charif – c'est son prénom, je crois – vient me saluer. Il a une voix fort sympathique, mais réservée : « Désolé, votre téléphone n'est toujours pas débloqué. On nous a bien transmis le code, mais ça ne fonctionne pas. On ne comprend pas. Il y a un problème quelque part. Une erreur dans le code ? Il faudrait que vous vous adressiez à votre opérateur en France pour qu'il vous le communique directement. Je vous propose de garder votre appareil car j'aimerais encore essayer quelque chose. Mais sans grand espoir. Ce type de cas est très rare, mais il faut que ça tombe sur vous. »

En effet, j'accuse le coup et je suis furieux. Mais contre qui ? Certainement pas contre ce jeune homme, qui me semble de bonne volonté. J'ai l'impression de me heurter à un autre mur, celui de la technique. Pour gagner en autonomie et naviguer dans les rues de Montréal, j'ai absolument besoin de ce téléphone avec GPS ; aussi le blocage du déblocage, qui vient bousculer ma volonté d'immersion dans ce pays, me contrarie-t-il au plus haut point. J'enrage, puis tente de me calmer – et, quand je sors de la boutique, le soleil vient à nouveau me caresser le visage.

De retour au studio, une idée me vient : et si je profitais de ma petite terrasse-balcon pour me prendre un apéro en solo ? Pour goûter un peu de ce vin argentin qu'on m'a conseillé à la Société des alcools du Québec ? Pour déguster ce houmous à la tomate et ces grosses olives que j'ai dénichés dans une épicerie de mon quartier ? Ainsi dit, ainsi fait. Les rires des enfants qui jouent dans le jardin de la maison d'en face s'envolent jusqu'à moi ; je ferme les yeux sous la brise tiède de la fin du jour.

10
Jour de chance

Il faut bien que je me décide à y aller. J'ai retardé depuis plusieurs jours cette expédition, mais je n'ai plus le choix. J'ai accumulé dans la cuisine trois sacs-poubelle, et ils commencent à sentir. Or, c'est aujourd'hui que doit passer dans le quartier le camion de ramassage des « sacs de vidange ». En prévision de sa venue, les habitants les déposent dans un coin de la rue. Donc, je dois prendre mon courage à deux mains et surmonter mon anxiété. Il va bien falloir que je m'engage sur cet escalier de malheur et que j'affronte l'inconnu, pour trouver enfin, du moins je l'espère, le lieu où chacun dépose ses déchets. Ici, on ne demande pas aux gens de les trier. J'en suis étonné. Il paraît que cela se fait dans d'autres quartiers de Montréal, mais pas à Rosemont. Bizarre, mais c'est ainsi.

Donc, je réunis mes forces et, une fois pris mon petit déjeuner, je me saisis de mon arme et de mon casque. J'ai un plan : d'abord faire le repérage des lieux puis revenir chercher les sacs. J'ouvre la porte extérieure du balcon-terrasse, j'oblique légèrement sur la droite et j'amorce ma descente. Je respire un bon coup et m'enfonce doucement dans le gris qui m'aspire vers le bas. Effectivement, cet escalier est raidasse et mieux vaut se tenir à la rampe. Je compte une vingtaine de marches et je parviens à un palier. Il doit bien y avoir un petit appartement aussi à ce niveau, sinon deux. Je continue ma descente avec prudence, vérifiant chaque fois où je pose le pied. Je dois avoir l'air ridicule avec ma canne et mon chapeau. Pourvu que personne ne me voie… Oh, après tout, tant pis ! Mieux vaut mettre toutes les chances de mon côté. Je compte encore une vingtaine de marches – elles sont vraiment petites, il faut faire attention de ne pas les rater. Soudain, ma canne touche le sol : arrivée sur la terre ferme. Ouf ! Je reprends pied et je fais une pause. Alors, je me lance dans une première exploration du lieu où je viens d'arriver. À ma droite, je touche la grille qui marque la clôture de la propriété avec la rue. Mais où en est l'ouverture ? Je pose ma canne et me sers de mes deux mains pour en ausculter les barreaux. Je cherche une poignée ou un loquet qui pourrait m'indiquer l'emplacement de la porte. Rien… Je ne vais quand même pas rester bloqué ici, derrière cette grille, comme un idiot !

« Pardon monsieur, puis-je vous aider ? » Ça y est, j'ai été repéré ! La voix m'est arrivée d'en haut, juste au-dessus de ma tête. C'est celle d'une jeune femme qui, je le comprends tout de suite, doit occuper l'appartement du premier.

« Je cherche à ouvrir cette grille pour déposer mes poubelles dans la rue.

– Je comprends, j'arrive tout de suite. »

Clac, clac, clac, clac… les talons de ses chaussures résonnent sur les marches en fer. Elle devait être sur le point de partir de chez elle. M'ayant rejoint, elle m'indique :

« Regardez, c'est ici ! »

Puis, comprenant sa méprise, elle me prend la main pour la mettre à la hauteur d'un loquet.

« Il faut le soulever comme ça. » Elle me laisse faire le geste et la porte s'ouvre sans problème.

« Merci. Pourriez-vous aussi me montrer l'endroit où on dépose les sacs de vidange ? » Tout en parlant, je me suis un peu avancé vers l'extérieur et ma jambe a touché une voiture, garée juste là. Je comprends que celle-ci occupe une place de stationnement, aménagée pour des résidents du quartier. Tout en marchant devant moi, je frôle la carrosserie avec la main, et ce mouvement me conduit au début du trottoir. J'en déduis que la voiture est garée perpendiculairement à la rue. La jeune femme, qui m'a suivi des yeux, me dit alors :« Pour trouver l'endroit où on met les sacs, il suffit maintenant que vous tourniez à gauche. En longeant le trottoir, vous allez nécessairement tomber sur la haie, près de laquelle on les dépose. »

Je m'exécute et ma main finit par toucher un feuillage.

« C'est là ! » me lance-t-elle.

J'ai compté sept pas depuis la grille. Et je m'exclame aussitôt : « Mais c'est facile ! »

En un instant, c'est une grosse boule d'angoisse, ou plutôt d'anxiété, qui me paralysait depuis des jours, qui vient de s'évanouir dans la fraîcheur du matin. Depuis mon arrivée, je me faisais une montagne de cette affaire des escaliers et de la poubelle. Je finissais par douter de pouvoir percer mon mur en cet endroit précis, trop épais parce que trop chargé d'inquiétudes. « Jamais je ne pourrais y faire une ouverture pour m'y frayer un chemin », me répétais-je. Et c'était si simple ! Je viens de creuser un nouvel espace dans ma grotte intérieure. Un espace dans lequel je saurai désormais me mouvoir : descendre avec prudence l'escalier métallique, ouvrir en bas la porte de la grille, dont le loquet se trouve à peu près à la hauteur de mon épaule, faire trois pas devant moi pour atteindre la rue, obliquer alors à neuf heures puis faire sept pas jusqu'à la haie. Y déposer mon sac de vidange et remonter en appliquant la « procédure » en sens inverse. Je remercie la jeune femme pour son aide. Celle-ci est étudiante et partage son appartement avec une amie. Elle doit vite partir à ses cours. Je remonte chez moi chercher les sacs et refais le chemin sans difficulté. Le succès de cette expédition poubelles me met en joie.

Puis je pars à la fac : déplacement sans problème et matinée de travail sur ma communication pour Londres. Rien de spécial à noter. Un peu avant midi, ma collègue

Christine vient toquer à ma porte pour « aller déjeuner à HEC ». Peut-être sait-elle que j'ai pris l'habitude d'aller Chez Valère, la cafétéria la plus proche ? J'ai l'impression qu'elle me propose de faire une excursion un peu exotique puisque, dans mon monde intérieur, HEC c'est « trop loin » pour moi. En partant, notre jeune collègue Théo se joint à nous. Nous voici progressant dans l'enfilade infinie des couloirs. Mon propre état d'esprit joue-t-il sur la perception que j'ai de mes deux collègues ? J'ai l'impression que chacun est d'humeur joyeuse et que nous sommes ravis de partager ce moment ensemble. Christine m'aide à composer mon cabaret. Elle n'hésite plus comme la première fois ; elle a compris la technique. Et Théo me propose de le porter à notre table. Déjeuner fort détendu où l'on parle peu de travail. Ils m'interrogent sur ma vie à Paris, sur ma famille, etc. Eux évoquent leurs prochaines vacances, que Christine va consacrer à déménager pour s'installer dans une maison dans le quartier d'Ahuntsic, au nord de Montréal. Elle est ravie, mais que de choses à faire en perspective ! Puis retour à notre « base » du quatrième étage de Lionel-Groulx.

En ce début d'après-midi, je dois rencontrer Frédéric, le directeur du CÉRIUM, le Centre d'études et de recherches internationales de l'université de Montréal. C'est un centre important du Québec, destiné à valoriser les travaux des universitaires et chercheurs auprès de la société civile, des ONG, des entreprises, dans le domaine des relations internationales, des politiques étrangères et de la connaissance des autres pays. Le CÉRIUM entretient des rapports privilégiés en France avec le CERI (Centre de recherches internationales), laboratoire de Sciences Po auquel je suis affecté. En théorie, c'est moi qui aurais dû me rendre à son bureau, le CÉRIUM étant situé aussi dans la rue Jean-Brillant, non loin du bâtiment Lionel-Groulx. Mais Frédéric a spontanément proposé de se déplacer. J'aurais pu protester et insister pour me rendre à son bureau. Mais à quoi bon ? Mieux vaut faire simple et accepter ce geste de prévenance.

Très ponctuel, Frédéric fait son entrée dans mon bureau et me salue avec cordialité. Aussitôt, je suis frappé par sa voix, dont le timbre se situe plutôt dans les graves. Cela lui donne une belle résonance, d'autant qu'il s'exprime de manière posée et mélodieuse. Je perçois aussi l'énergie qui se dégage de sa personne, et qui a vite rempli ce bureau ; énergie dans laquelle il doit certainement puiser pour organiser moult débats et conférences. Bref, j'ai le sentiment de faire la connaissance d'un entrepreneur académique expérimenté.

Frédéric me demande comment ça va, comment se passent mes cours... Questions banales que l'on pose à un collègue qui vient faire un séjour à l'étranger. Je suppose qu'il y a aussi dans cette interrogation polie la marque d'une curiosité : comment se passe votre adaptation ? J'ai la quasi-certitude qu'il a joué un rôle non négligeable pour me faire inviter, ne serait-ce qu'en suggérant mon nom à Éric, le directeur du département de science politique. Il veut sans doute vérifier qu'il ne s'est pas trompé… puisque, s'il avait entendu parler de mes travaux, il ne me connaissait guère personnellement. Il m'a en quelque sorte fait venir à l'aveugle ! Alors, vive le Canada ! Car j'ai la conviction que cette approche décomplexée envers le handicap caractérise la culture de ce pays.

Voilà en tout cas pourquoi, dès que je me suis trouvé en face de Frédéric, j'ai été animé du pressant désir de lui envoyer ce message : « Tu ne t'es pas trompé. Tu as eu raison de m'avoir fait confiance. Mon cours a très bien commencé et les étudiants sont intéressants. J'ai aussi trouvé un studio dans un quartier sympa et, bon, je ne vais pas te le dire, mais je suis particulièrement content aujourd'hui parce que je sais enfin comment faire pour déposer mes sacs de vidange dans la rue… » Par-dessus le marché, je lui fais mon numéro de magie habituel : le coup de l'ordinateur qui parle français *et* anglais, s'il vous plaît ! Frédéric est ravi et impressionné : il ne connaissait pas du tout ce logiciel vocal.

Puis il oriente la conversation vers mes travaux. Ancien étudiant de Berkeley (où il a décroché son doctorat), il me dit lire régulièrement la *New York Review of Books*, ce célèbre magazine littéraire américain indispensable à qui veut être informé des dernières parutions, romans et essais, publiés aux États-Unis et dans le monde. Or, quelle n'a pas été sa surprise de découvrir que ce magazine avait consacré en mars dernier un très long article à mon livre *Persécutions et entraides dans la France occupée*, sous la plume du grand historien américain Robert Paxton. Il est rare que ce journal consacre autant de place à un ouvrage qui n'est pas traduit en anglais, et j'en ai été moi-même surpris. Frédéric me pose question sur question quant à cette recherche. Pourquoi avoir travaillé sur la France alors que je suis connu comme un spécialiste de l'analyse comparée des génocides ? Comment ai-je procédé ? Comment est-ce que j'explique que les trois quarts des juifs aient pu survivre en France, l'un des pourcentages les plus élevés de l'Europe nazie ? Je commence à lui répondre, pour bientôt me rendre à l'évidence : impossible d'expliquer tout cela en quelques minutes !

« Alors, voulez-vous faire une conférence au CÉRIUM ? » Cette invitation vient au terme d'un échange nourri d'une bonne demi-heure durant lequel il a dû « tester » mes qualités de conférencier. Mais je pense aussi, Frédéric me le confiera plus tard, que ce sujet l'intéresse réellement. Bien entendu, ce genre de proposition ne se refuse pas. Cependant, je m'inquiète de la date à laquelle il envisage cette rencontre publique puisque je reste peu de temps à Montréal. Ce ne pourra être qu'en juin, c'est certain. Il se charge de tout. Je suis ravi et le remercie de sa confiance.

Décidément, cette journée se déroule sous les meilleurs auspices. Au compteur, deux bonnes nouvelles : « l'expédition poubelles » suivie de ce projet de conférence à Montréal. Jamais deux sans trois ? Je pense évidemment à mon téléphone, qui refuse toujours de m'épauler durant ce séjour.

Mais quand j'appelle mon opérateur en France, il se montre très réticent à débloquer ma ligne. On me demande des comptes, on m'annonce un prix exorbitant pour ce service, avant de consentir à un geste commercial exceptionnel (et néanmoins dérisoire) eu égard au fait que je suis non-voyant, ce que j'ai dû, même si je déteste ça, brandir comme ultime argument.

Agacé par cette altercation téléphonique, je n'ai plus le cœur au travail et je rentre à Rosemont. Je projette de prendre un bon thé à l'appartement, pourquoi pas sur mon balcon-terrasse puisque le soleil nous gratifie toujours de sa présence... Sitôt arrivé, j'ouvre la porte extérieure et j'ai la surprise d'y être accueilli par un « bonjour » plutôt chaleureux. C'est mon voisin ! Il est assis devant sa porte, et prend le soleil. C'est le moment de faire connaissance. Je vais préparer mon thé puis viens m'asseoir à côté de lui sur une chaise que j'apporte de la cuisine.

Georges, c'est son prénom, est rentré depuis peu de Thaïlande, où il est resté deux ans. Il enseignait l'anglais dans une école du nord du pays et avait pour élèves de jeunes adolescents. Il était parti là-bas avec son épouse, originaire des Philippines. Le couple s'est efforcé de s'intégrer au pays, mais apparemment ça ne s'est pas bien passé et les voici de retour au Canada, où ils habitaient auparavant. Ils ne regrettent pas leur décision, d'autant que la situation politique à Bangkok est devenue très instable. Mais leur retour est un peu dur : ils ont loué ce studio pour un mois puis partiront dans un autre quartier de Montréal où les attend leur ancien appartement, qu'ils avaient prêté à des amis. Juste devant nous, des enfants sont en train de jouer, sans doute dans la cour d'une maison, à moins que ce ne soit dans un petit jardin. La rue qui nous sépare d'eux est très étroite et ils sont un peu bruyants. Leurs cris joyeux tendent parfois à couvrir notre conversation.

Georges m'apprend qu'il est issu d'une vieille lignée québécoise. Ses ancêtres sont partis du Poitou vers 1670 pour arriver à Louisbourg, en Nouvelle-France. Ses propres parents, très catholiques, ont eu dix-sept enfants ; il est le petit dernier. Georges m'a l'air un peu bavard, mais j'aime l'écouter. Je le connais à peine et je me laisse porter par la musique de ses mots. Sa manière de parler est assez étonnante car changeante, comme s'il utilisait plusieurs gammes de vocalises. Il commence par s'exprimer en français et, tout à coup, il bascule en anglais pour revenir l'instant d'après vers le français, mais en y insérant des expressions québécoises du plus bel effet. Alors, j'ai l'impression qu'il fait de la poésie, qu'il décore la langue française de jolis bouquets de mots, comme s'il mettait des fleurs dans ses phrases. Oui, c'est l'image qui me vient à l'esprit : son langage est fleuri et verdoyant, comme ce pays. Du coup, j'aurais bien envie qu'il m'apprenne quelques expressions québécoises, j'aimerais lui demander : « Comment dites-vous ceci ou cela ? » Mais tout à coup, voici qu'il se met à parler de moi :

« Je vous ai encore vu, l'autre jour. Vous marchiez sur le trottoir de notre immeuble mais vous avez raté la porte. Vous vous en êtes rendu compte et vous êtes revenu sur vos pas avec un monsieur qui vous a mis devant notre numéro. [C'est vrai, je m'en souviens très bien.] Si ça vous arrive encore, sachez que notre habitation est de couleur bleue, mais vraiment très bleue. On ne peut pas se tromper. » Je le remercie pour son conseil. J'ajoute que je suis impatient de pouvoir bientôt me servir de mon téléphone « intelligent », comme on dit ici, équipé d'un GPS. Il sera très utile en ce cas pour me mener juste devant chez moi. Et je me mets à lui raconter mes misères depuis que j'ai pris un abonnement chez Tellus. Aujourd'hui, je continue à payer pour un numéro dont je ne peux toujours pas me servir. C'est quand même rageant... Je sens que Georges s'énerve au fil de mon récit. Et bientôt, il éclate :

« Mais vous vous êtes fait avoir ! Moi aussi j'ai eu des problèmes avec mon téléphone ! Vous savez, ils ne pensent qu'à faire de l'argent sur notre dos ! Ce sont des escrocs, des crosseurs ! » Tiens, ce mot doit être du pur québécois... Georges s'est mis à parler de plus en plus fort. Je n'entends plus jouer les enfants. Ils ont peut-être levé la tête dans notre direction, se demandant ce qui se passe… Puis Georges se radoucit : il ne faut pas que je me laisse faire, insiste-t-il, il est prêt à m'aider, par exemple à appeler la compagnie pour moi, etc. Mais je lui réponds que maintenant que j'ai signé avec Tellus, il n'y a plus rien à faire. Et tout devrait s'arranger demain, car je dois recevoir de France le code de déblocage du téléphone.

En tout cas, Georges le répète : je dois savoir qu'il est disposé à me rendre service. Il ne faut surtout pas que j'hésite… Et d'ailleurs, n'ai-je pas besoin de quelque chose maintenant ? Je réfléchis… Non, tout va bien… Ah, peut-être pourrait-il m'aider à régler le radioréveil qui est dans la chambre ? Je crains un jour d'avoir une panne d'oreiller, décalage horaire oblige, et d'arriver en retard à mon cours. Or, il m'est impossible de le programmer puisque les commandes se font à partir d'un écran optique. Peut-il le faire pour moi ? Bien sûr : Georges entre dans mon studio et me règle le radioréveil sur 7 heures.

Juste avant de partir, il me demande :

« Au fait, êtes-vous au courant du prochain match de hockey ?

– Lequel ? Il y en a tout le temps ! »

Il rit et ajoute : « C'est vrai, mais le prochain est très important. Il faut absolument que le Canadien gagne contre Boston, sinon nous allons perdre le tournoi. »

Son ton est devenu un peu solennel et je comprends qu'il vibre avec son équipe. Georges poursuit : « Vous savez que ma femme se passionne pour le hockey ? Pourtant, ce sport ne fait pas du tout partie de la culture de son pays. Mais c'est incroyable : quand le Canadien marque un but, elle saute sur le canapé et crie plus fort que moi ! J'ai beaucoup de chance de l'avoir rencontrée et de partager de tels moments avec elle. »

Je lui souris et promets d'écouter le match…

11

Le soleil a rendez-vous avec la lune

Scène drolatique ce matin… Je suis sagement en train d'attendre que le feu passe au rouge pour les voitures, il y a un vent assez fort dans la rue. La circulation automobile s'arrête : je peux traverser. Au moment même où je m'engage sur la chaussée, *vrouf*, mon chapeau s'envole. Panique à bord : où vais-je le retrouver ? Il est assez tôt et je ne perçois aucun passant à la ronde à qui demander. Donc, je dois le chercher à l'aveugle, si j'ose dire, ma plus grande crainte étant qu'il soit tombé au milieu de la rue, où le va-et-vient des voitures va reprendre dans un instant. Il faut faire vite : j'use de la canne pour tâter le sol, espérant qu'au lieu du son dur du macadam je vais toucher par hasard le son mou du feutre. *Tac tac tac tac…* Coup de chance : je détecte le chapeau juste à mes pieds, un peu sur la gauche. Je me baisse pour le ramasser et, je ne sais pourquoi, en me relevant je le tiens à l'envers.

Or, au moment même où je me redresse, le chapeau dans la main, j'entends un bruit de talons qui arrive vers moi, toujours sur ma gauche. J'en profite pour leur demander : « Pardon, peut-on encore traverser ? » Mais, au lieu de me répondre, les talons accélèrent, passent à ma hauteur et s'engagent sur la chaussée. Je comprends que je peux en faire autant. Car si les talons traversent, alors moi aussi. Je n'ai rien à craindre à me mettre dans leur sillage. Je cours donc presque derrière eux et, en un instant, je me retrouve de l'autre côté de la rue. Ouf! Soudain, les talons s'arrêtent et me parlent : « Monsieur, je croyais que vous demandiez de l'argent avec votre chapeau renversé. Je suis désolée. » Je reste un instant incrédule et réalise le quiproquo. Alors, je me mets à rire ; elle, pas vraiment : je la sens un peu gênée. Il m'a fallu beaucoup de mots pour raconter cette anecdote. Au cinéma, on pourrait sans doute en faire une saynète rigolote de trente secondes, un peu dans le style d'un Buster Keaton ou d'un Jacques Tati.

Arrivé à la fac pour mon nouveau cours, je croise Éric et Jocelyne dans le couloir. On se salue et ils me tutoient tous les deux. Je commence à faire partie de la maison… Aujourd'hui, on débute la série des séances dans lesquelles les étudiants doivent intervenir pour présenter les textes en lecture. Le thème du jour est : « Les imaginaires du massacre et le rôle de la propagande ». Les étudiants avaient à lire le premier chapitre de mon livre *Purifier et détruire*, et c'est Mathilde qui doit introduire la discussion. Ici, on dit « mettre la table ». Elle expose donc les principaux axes du texte en une quinzaine de minutes : pas mal du tout. Les étudiants qui sont parmi les premiers à vouloir faire un exposé sont souvent très bons à l'oral. Elle a bien compris la distinction, dans une société en crise, entre deux figures de l'ennemi : celle de l'autre en trop et celle du suspect. Puis Mathilde pose une première question à toute la classe : ces figures de l'ennemi préexistent-elles toujours nécessairement pour qu'une société bascule dans la violence ? En d'autres termes, la propagande est-elle toujours un facteur déclencheur du massacre ? Silence. Ses camarades commencent à prendre la parole :

« C'est Rachel, est-ce que vous reconnaissez ma voix ? » Je la regarde et, tout en lui souriant, fais « oui » de la tête. Rachel se lance alors dans une réponse un peu laborieuse à mon goût. Puis Fatima intervient, Charline, Dorcius… Au fur et à mesure, Mathilde distribue la parole à ses camarades. Vient le tour de Chloé, de Maylis, de Corie, etc. Je sens que je vais améliorer aujourd'hui ma connaissance de leurs voix associées à leurs prénoms. Je n'ai pas besoin de beaucoup intervenir, il me faut surtout vérifier qu'ils ne disent pas de bêtises et évaluer la pertinence de leurs remarques, sur la base de leur lecture du texte. Une seule fois, je crois nécessaire de « recadrer » la discussion. En fait, les étudiants me semblent très habitués pour ne pas dire rompus à ce type d'exercice participatif. La séance « roule toute seule ».

Après la pause, je leur projette un court extrait d'un documentaire de la BBC sur le déclenchement de la guerre en Yougoslavie au début des années 1990. On y voit Milošević, en « meeting » dans la province du Kosovo en 1989, prononcer la phrase historique, « Vous, Serbes, on ne vous menacera plus jamais », qui marquera le début de son ascension politique. On voit littéralement un imaginaire identitaire en action : l'exacerbation du nationalisme serbe, qui a contribué à l'implosion de la fédération yougoslave et au basculement du pays dans la guerre. Ces images sont fascinantes et suscitent des réactions immédiates dans la classe. Je demande aux étudiants de les commenter, toujours en lien avec le texte qu'ils ont eu en lecture. Comme ce sont toujours les mêmes qui ont tendance à parler, je m'efforce de donner la parole à ceux qui ne se sont pas exprimés, mais je ne connais pas encore tous les prénoms. Alors, on fait un tour de table, comme ça personne ne sera oublié... Ceux qui ont peu ou pas du tout parlé font des remarques plus faibles. Pas du tout certain qu'ils aient lu le texte, du moins en entier. Je n'hésite pas à les reprendre. J'ai vraiment l'impression de jouer mon rôle de prof, mais d'une manière différente de celle que j'ai à Paris. Il est vrai qu'ici j'ai moins d'étudiants, ce qui permet de faire un cours plus participatif. On approche déjà de midi... Je leur souhaite à tous un bon week-end ou plutôt, je me reprends, une bonne fin de semaine.

Puis je pars vite à mon bureau pour vérifier les courriels arrivés sur mon ordinateur. Super : je viens de recevoir de France le code de déblocage de mon téléphone. Je vais pouvoir retourner à la boutique de Charif. Après un déjeuner rapide Chez Valère, me voici bientôt sur la rue Jean-Brillant en direction du métro. Ce matin, la température était encore fraîche mais maintenant il fait vraiment bon. On aimerait se poser sur une pelouse avec un bon livre... Sur le chemin, une dame d'un certain âge me propose son aide. Pourquoi pas. Elle a envie de me faire la conversation et commence par me parler de son inquiétude pour ses yeux. Une de ses amies est atteinte d'une dégénérescence rétinienne. C'est terrible, vous savez, elle ne peut presque plus lire. La dame a peur qu'il lui arrive la même chose. Alors, que fera-t-elle ? Je l'écoute, mais je n'ai guère envie d'entendre en ce moment ce type de lamentations.

Tout à coup, elle me dit : « Ah, si vous voyiez combien la nature est belle depuis quelque temps ! C'est magnifique. » Tout en marchant, elle regarde sur sa gauche ce que je suppose être les jardins des propriétés que nous longeons. Soudain, elle s'arrête et je m'arrête avec elle : « Venez donc voir combien ce magnolia est beau ! Je voudrais vous le faire toucher, dans ce coin là-bas. » Elle m'entraîne alors en dehors du trottoir et nous dirige vers un bosquet... Oh là là, je m'interroge un instant sur les intentions de cette dame à mon égard... Puis celle-ci me glisse une fleur de magnolia entre les mains. Je la porte spontanément à la hauteur de mon nez mais, déception, je ne sens rien. L'émotion de la dame provient de ce qu'elle est en train de contempler avec ravissement. Et elle voudrait bien me faire partager cet émerveillement devant la nature en fleurs. Je suis sensible à son geste, mais ça ne me fait rien : le nez ne peut remplacer la vue et la vue pas davantage le nez. Je pense à la chanson de Charles Trenet : « Le soleil a rendez-vous avec la lune. Mais la lune n'est pas là et le soleil l'attend. [...] La lune est là, mais le soleil ne la voit pas. » Comme je voudrais que le nez ait rendez-vous avec les yeux et que les yeux disent au nez ce qu'ils voient !

Nous nous remettons en marche et la dame continue à me parler de la nature. Elle a planté toutes sortes de fleurs dans son jardin. Elle me les nomme, mais je n'en retiens pas les noms. « Si vous saviez comme elles sont magnifiques ! » Elle est enthousiaste. Oui oui, madame, je sais, « magnifiques », elles sont magnifiques, comme ces magnolias. Mais voyez, je n'ai rien senti. Peut-être le pollen ? Je suis désolé. Et je m'engouffre dans le métro.

Retour à la station Parc et à la boutique de Charif. Combien de fois y suis-je déjà venu ? Je ne sais plus... Est-ce que Charif est là ? Oui, il vient d'arriver et il est disponible. Tout fier, j'ouvre mon ordinateur pour faire apparaître le message qui contient le numéro de code de déblocage. Charif le note sur un papier et part dans ce que je suppose être l'arrière-boutique. Une minute plus tard, il revient et m'annonce : « C'est exactement le même que celui qui nous a déjà été communiqué. » Le ciel me tombe sur la tête : ce n'est pas possible ! J'ai senti dans la voix de Charif de la déception mais aussi de la lassitude. D'ailleurs, il ajoute : « Je ne peux plus rien faire pour vous. À mon avis, le problème vient du système vocal qui a été installé sur votre téléphone. Il doit y avoir un bug quelque part. Moi, ça me dépasse. Il faudrait que vous les contactiez. » Pour la première fois, je sens qu'il en a assez de s'occuper d'un client de mon genre et, au risque de paraître trop insistant, je parviens de justesse à le convaincre de ne pas me laisser tomber : je vais demander à la société qui m'a installé ce système en France de prendre contact avec lui pour trouver une solution. Le feuilleton continue…

En reprenant le métro, je croise des jeunes qui parlent du prochain match de hockey. Apparemment, c'est ce soir, et les propos de mon voisin me reviennent en mémoire. Ces jeunes sont très excités, ils me font penser aux supporters de football en France. Je vais donc écouter la partie, comme je l'ai promis à Georges. De retour au studio, j'allume la radio : on n'y parle que de cette rencontre. J'apprends que, dans le tournoi en cours, Boston a pris le dessus et que c'est donc le moment ou jamais pour le Canadien de l'emporter. Sinon, Montréal sera définitivement battue par sa rivale. Aussi les journalistes nous font-ils vivre cette rencontre comme une veillée d'armes : ils emploient un vocabulaire quasi guerrier ! Jamais je n'aurais imaginé qu'il existât une telle agressivité entre ces deux villes voisines. Je pense cependant à ce texte de Freud sur les « petites différences », dans lequel il explique que la concurrence féroce, voire la guerre, naît souvent des rapports bien plus conflictuels avec l'autre proche qu'avec l'autre lointain…

Quand le match commence, les commentaires des journalistes sont plus que passionnés. On sent que c'est l'ambiance des grands jours et que tout le pays doit être devant la télévision. Très vite, le Canadien marque un premier but : le public du Stadium est aussitôt en délire. Au même instant, j'entends quelque chose comme un « Waaa » provenant de derrière mon mur… Ce doit être Georges qui crie son enthousiasme, à moins que ce ne soit sa femme – ou bien les deux… Du côté de la rue, des exclamations de joie jaillissent d'appartements ou de maisons alentour. En France, je peux suivre le déroulement d'un match de foot car j'en connais bien les règles mais ici, les péripéties du hockey restent une énigme. Je me lasse bientôt d'écouter la partie et décide de me plonger à nouveau dans mon roman. Les bruits extérieurs devraient de toute façon m'alerter de l'évolution du jeu… Or, je ne peux aller très loin dans ma lecture : un nouveau « Waaaa » me parvient depuis l'appartement voisin. Dehors, les cris sont encore plus forts que tout à l'heure. Je rallume donc mon poste : les journalistes semblent au bord de l'extase. Ils ne savent plus quel superlatif employer : « Fantastique ! Incroyable ! Extraordinaire… On n'y croyait plus ! »

Impossible de me remettre dans mon livre. Je me laisse porter par leurs voix qui zigzaguent sur la glace comme la rondelle. Aïe ! Boston se ressaisit et marque à son tour. Le match demeure serré et les commentaires de la radio tendus. Des pages de publicité viennent casser le rythme haletant de la partie. Finalement, le Canadien marque un nouveau but et emporte le match ! Tout à coup, une clameur s'élève dans le quartier. J'entends des cris et des personnes qui, parlant très fort, sortent dans la rue. Des voitures démarrent et commence alors un concert de klaxons... Une ville est à l'unisson avec son équipe. Mais moi, je ne sais pourquoi, je me sens tout d'un coup bizarre, comme extérieur à tout ça. Je suis en dehors de la fête. Un vif sentiment de solitude m'envahit, perdu que je suis sur mon canapé, au beau milieu de ces gens qui laissent exploser leur joie.

12
Le flâneur intranquille

Frank, un collègue historien, m'a invité à déjeuner chez lui, en ce dimanche de fête des Mères. J'ai hésité à accepter sa proposition, craignant de m'immiscer dans sa vie de famille, mais il a insisté. De toute façon, ses enfants ne sont pas à Montréal, m'a-t-il précisé. Quant à son épouse, Jean, en ce moment assez malade, elle serait heureuse d'avoir de la visite. Alors, j'ai dit oui. Et quand j'ai demandé ce que je pouvais apporter, il m'a répondu avec un sourire dans la voix : « Une tarte aux fruits rouges. Jean adore ça et ce sera pour elle un beau cadeau. »

J'ai aussitôt pensé en faire la commande à une boulangerie-pâtisserie de mon quartier, dont on m'avait vanté l'excellente qualité. Elle est tenue par un Français avec qui j'ai un peu discuté. Il est arrivé à Montréal il y a des années, un peu par hasard. Puis il s'est marié avec une Chinoise et le couple a lancé ce commerce qui marche très bien. Ce dimanche matin, donc, je vais chercher ma superbe tarte aux fraises, framboises, mûres et myrtilles. Sur le chemin du retour, j'ai frôlé la catastrophe... Me sentant plus à l'aise dans mon quartier, j'ai baissé sans m'en rendre compte mon niveau de vigilance. Marchant d'un bon pas, je n'ai pas « vu » une grosse jardinière de fleurs qu'un café, les beaux jours arrivant, venait juste d'installer sur le trottoir. Boum ! Le choc a été rude, et j'ai failli lâcher le gâteau... Plus de peur que de mal, heureusement. Il n'y paraîtra rien quand Frank viendra me chercher.

À midi pétant, il est devant ma porte et me guide vers sa voiture. Nous sommes heureux de nous retrouver. On se connaît depuis une dizaine d'années, depuis que j'étais venu à Québec participer au congrès de l'Association internationale de sciences politiques. Frank animait la table ronde sur les « crimes de masse », dans laquelle j'étais intervenu. Nous sommes ensuite restés en contact, nous revoyant à l'occasion de telle ou telle rencontre académique. Frank, un peu plus âgé que moi, est connu pour ses recherches sur le rôle des médias dans les situations génocidaires. Il n'enseigne pas à l'université de Montréal, mais à Concordia, une autre université de la ville, en principe bilingue, mais surtout anglophone. J'ai longtemps cru qu'il était d'origine canadienne jusqu'à ce qu'il m'apprenne un jour sa nationalité américaine. Frank est d'un naturel avenant et joyeux. Il est toujours agréable de converser avec lui, d'autant que son anglais est fort compréhensible.

En à peine une demi-heure, nous voici déjà rendus dans son bel appartement de la banlieue ouest de Montréal, où résident nombre de Canadiens anglophones. Je salue son épouse, que j'ai déjà rencontrée. Je ne sais pas bien ce dont elle souffre, mais apparemment elle se déplace avec difficulté. Elle doit subir très prochainement une opération chirurgicale assez lourde. Tandis que Frank se met à préparer le repas, je converse avec elle dans le salon. Mais pourrais-je être utile à quelque chose ? Mettre la table par exemple ? J'ai à peu près repéré le chemin de la salle à manger à la cuisine : il est simple et je sais que je pourrais me débrouiller pour rendre ce petit service.

« Pourquoi pas », me répond Frank. Et il m'indique où sont les assiettes et les couverts. Frank m'a fait spontanément confiance, ce qui n'est pas le cas de tout le monde en pareille circonstance.

J'ai intégré qu'il me faut faire deux pas devant moi en sortant de la cuisine puis cinq pas à gauche et je suis arrivé aux abords de la table de la salle à manger. C'est parti, et en trois allers et retours précautionneux, le tour est joué : mission accomplie.

Nous nous mettons à table. Au menu : saumon grillé et vin californien. On commence par parler de nos familles respectives, que deviennent les enfants, etc. Puis la conversation glisse vers nos passions mutuelles : après tout, ce sont elles qui nous ont réunis. Voici des années, Frank a fondé un Institut de recherche sur les génocides dont le nom est aujourd'hui le Montreal Institute for Genocide and Human Rights Studies. Son université, Concordia, vient de lui donner un peu plus d'espace pour ses bureaux et il en est ravi. Il me parle aussi de sa relation avec le général Roméo Dallaire, devenu une figure nationale au Canada. Ce dernier avait été le commandant des forces de l'ONU au Rwanda en 1994. Ayant été informé de la préparation des massacres de Tutsi, il avait demandé au siège de l'ONU à New York plus d'hommes et de moyens, lesquels ne sont jamais venus. On connaît la suite : ce sera la tragédie du dernier génocide du XXe siècle. De retour au Canada, le général Dallaire a connu une phase sévère de dépression, dont il n'a réussi à sortir qu'en publiant un livre de mémoires, *J'ai serré la main du diable*. J'avais eu l'occasion de le rencontrer quand il était venu le présenter à Paris. Frank est désormais très proche de son « ami Roméo », lequel est maintenant associé aux activités de son institut.

J'écoute Frank avec attention et, plus je l'écoute, plus je me rends compte que sa voix laisse transparaître un fort état de fatigue. Comment ne l'avais-je pas remarqué plus tôt ? Est-ce parce que j'étais heureux de le revoir que je n'y ai pas prêté attention ? Je me le reproche maintenant. Sans doute consacre-t-il beaucoup de temps à son épouse, tout en assumant sa charge universitaire. Alors ses journées doivent être bien remplies. Je ne vais donc pas m'attarder mais il nous faut passer au dessert, à la tarte toute de fruits rouges vêtue. Un vrai succès. Jean se montre ravie. Elle en reprend, et elle n'est pas la seule... Puis j'exprime mon souhait de rentrer, prétextant la préparation de l'écriture d'un article.

Une fois au studio, je songe à ce que Frank m'a confié lors du trajet retour, à savoir qu'il a rarement l'occasion de venir dans cette partie de Montréal – comprendre le secteur francophone. Il est vrai qu'il ne parle guère français bien qu'il vive au Canada depuis une trentaine d'années. S'il en est ainsi, c'est qu'il n'en a pas éprouvé le besoin, demeurant au sein de la communauté anglophone. La situation de Frank doit être assez générale. Je serais enclin à penser que francophones et anglophones se mélangent peu. Mais où est alors la frontière urbaine entre les uns et les autres ? Il n'y en a peut-être pas, d'autant que de nombreux habitants sont bilingues. J'aimerais approfondir cette question car, pour ma part, je me sens à l'aise avec les deux communautés.

En réalité, je ne connais que fort peu l'histoire de Montréal, et pas davantage sa géographie. Certes, la ville s'est construite sur une île, mais quels en sont les contours physiques ? Quel est le trajet du fleuve Saint-Laurent qui la borde ? Et à quoi ressemblent au juste ses principaux bâtiments ? De très hauts buildings y ont été construits. Ressemblent-ils aux gratte-ciel de New York ? J'aurais pu les apercevoir avant que mon avion atterrisse, mais je n'en ai évidemment rien vu. Je réalise encore que je n'ai jamais consulté de plan de la ville, ce qui est en général le premier réflexe de n'importe quel touriste. Je me sens idiot et la tristesse me reprend. Je n'ai même pas une idée bien claire de ce que je pourrais prendre le temps de visiter. Je n'ai emporté aucun guide touristique que j'aurais pu faire enregistrer avant mon départ. Après tout, je pourrais commencer par aller sur Wikipédia sur mon ordinateur. Que me dit-on de cette ville ?

« Jacques Cartier est considéré comme le premier Européen à avoir exploré l'île de Montréal. Le 2 octobre 1535, selon le récit de son deuxième voyage en Amérique, il débarque sur l'île et se rend au village iroquoien fortifié d'Hochelaga, qui compte environ 1 500 habitants. Il nomme la colline située à proximité *Mons realis* (mont Royal en latin)... »

Cette lecture est vite lassante. Je sais ce que j'aimerais : aller me balader, mettre mon nez au vent, puisqu'il y en a souvent ici, et puis vagabonder, me perdre dans la découverte de tel ou tel quartier. Où aller exactement ? Je n'en sais trop rien. Peu importe, j'ai très envie de sortir – et j'hésite pourtant. J'ai conscience que ce ne sera pas si simple et agréable, enchaîné que je suis à mon bâton blanc. Me revient en mémoire ce bref séjour que j'avais fait à Rome, voici quelques années. Je venais de participer à un colloque qui s'était terminé le samedi midi. Mon avion de retour n'était que le lendemain en début de soirée. J'avais donc vingt-quatre heures devant moi pour me promener dans la ville.

Quelle aubaine, me direz-vous ! Or, j'étais seul et cela ne me disait rien. Et pour être honnête, cela me faisait un peu peur. Oui, j'appréhendais cette déambulation solitaire, peut-être craignais-je de ne pas retrouver le chemin de mon hôtel… Alors, j'y étais resté cloîtré comme un imbécile. C'est pareil maintenant : la motivation me manque. Et si je faisais plutôt une petite sieste, pour passer le temps ?

Mais bien entendu, je ne dors pas. Tout à coup, je me révolte et me dresse tout droit dans mon lit. Je m'insurge contre moi-même, contre ma résignation. Il fait trop beau : tout le monde est dehors ! Que fais-je donc ici ? C'est décidé : je ne peux pas, je ne veux pas rester entre ces quatre murs ! Pourquoi ne pas au moins me balader dans la rue Saint-Denis, dont on m'a tant parlé ? Me mélanger aux passants, humer les terrasses, écouter les sons et les voix. À nous deux, Montréal !

À la sortie du métro Mont-Royal, je devine une petite place où sont installés des musiciens. C'est comme s'ils m'avaient lancé un salut amical au début de ma balade, comme un signe d'accueil et d'encouragement. En plus, ils jouent un air de jazz entraînant, qui me ravit. Comme je dois donner l'impression d'hésiter sur ma direction, une dame me propose de m'accompagner jusqu'au croisement avec la rue Saint-Denis : c'est tout près. À ce carrefour, elle m'annonce que je n'ai plus qu'à descendre tout droit vers le fleuve. Me voici parti à l'aventure au bout de ma canne, sans adresse précise où me rendre, juste comme ça, pour renifler l'air et l'ambiance de ce quartier.

Tac tac tac tac : le trottoir est à peu près régulier. Si je dévie un peu trop sur la droite, je détecte aisément sa bordure. Les bruits périodiques et légers des voitures me parviennent de ce côté droit. La circulation est fluide et peu dérangeante. Sur la gauche, je perçois le bruissement des conversations provenant des terrasses de restaurants ou de cafés qui jalonnent la rue. Zut, un branchage vient de heurter mon visage. Le chapeau ne m'a pas protégé. Juste une éraflure sans doute. Et le soleil, ce beau soleil de printemps qui m'enveloppe de sa tiédeur, est si doux que je n'y pense déjà plus. Je continue de progresser à mon rythme, rencontrant une odeur de cuisine indéfinissable. Peut-être un peu de friture ? Mais de quoi ? Des passants me croisent ou me dépassent. Ils ne me proposent pas d'aide. Tant mieux, je dois donner une impression de tranquillité. Ce n'est qu'une façade. Je demeure intranquille, en éveil, toutes antennes déployées. De temps en temps, le vent se lève et surprend par sa vigueur. Il doit venir du fleuve, soufflant en légères bourrasques. Elles ne sont pas très fortes, mais manquent chaque fois de faire s'envoler mon chapeau. Il est plus sage que je l'enlève, sinon il risque de s'échapper vers la rue. Comme je dois le tenir de la main gauche, la marche devient moins confortable. Je ne sais pourquoi, ce vent me fait songer à un bord de mer.

Le brouhaha des terrasses que je viens à croiser représente la plus grande attraction à mes oreilles. Chacune émet en effet un clapotis de voix particulier. Le volume des murmures bat son plein à un endroit précis puis, quand je m'en éloigne, il s'évanouit peu à peu, me replongeant dans un certain silence. Je dois alors longer des boutiques ou des portes de maisons ou d'immeubles. Dès que je me présente à la hauteur d'une nouvelle terrasse, je suis enveloppé par un autre bruissement de voix, semblable au précédent et néanmoins différent. Ma progression dans la rue est ainsi rythmée par ces vaguelettes de conversations qui s'égrènent et ponctuent la descente vers le fleuve. À nouveau, je m'imagine comme dans un tunnel. J'y suis toujours bien enfermé, je n'y peux rien, mais je progresse dans ma galerie de gris dont le parcours propose des ouvertures salutaires : ce sont toutes ces fenêtres sonores, qui m'offrent autant d'occasions d'y passer la tête, pour respirer le monde. Tout en marchant dans mon brouillard, je réussis ainsi à me donner du mouvement, j'y fais entrer les échos de la vie, de toutes ces vibrations de la rue Saint-Denis.

Côté droit, le paysage des sons, surtout maillé par la circulation automobile, n'a pas d'intérêt. Quoique j'entende à l'instant un groupe de jeunes chanter et jouer de la guitare. Où sont-ils donc ? De l'autre côté de la rue, je suppose. Leur musique fait un peu vacarme… Ils ont l'air d'être assez nombreux et de bien s'amuser. C'est comme une bouffée de gaieté qui se fond à merveille dans cet après-midi radieux. Je m'arrête pour les écouter, comme si je voulais aspirer en moi un peu de leurs ondes joyeuses. Mais cette petite boule de musique criarde avance peu à peu et s'éloigne. Je l'entends de moins en moins bien. Sans doute ces jeunes sont-ils dans un autocar qui progresse dans la circulation et disparaît bientôt à mes oreilles ? Continuons à marcher.

Tac Tac tac tac. Le trottoir devient un peu plus irrégulier par ici. Bing ! Aïe ! Je viens de me payer un poteau : choc à déplorer sur la jambe droite. Rien de grave : on continue. Mais quelle est donc cette odeur ? Je suis maintenant devant une terrasse dont se dégage une senteur indéfinissable. Ce doit être l'arôme d'un piment, mais je ne sais comment le décrire. Ce n'est pas simple de mettre des mots sur une odeur. Celle-ci me fait penser à quelque chose de chaud, de rouge, qui viendrait de l'Italie, par exemple... Alors je fais à nouveau une halte pour m'en imprégner. J'espère que les gens ne me trouvent pas bizarre à m'arrêter ainsi, tandis que je suis seul, et sans but apparent. Puis je repars en quête d'autres sensations. Je ne compte plus les terrasses qui se présentent sur le chemin.

Combien de temps ai-je marché ? Je ne le sais pas. J'aimerais maintenant m'attabler à l'une de ces terrasses, un peu au hasard, mais pas tout à fait. J'en voudrais une peu bruyante, plutôt calme. Ah ! en voici une qui me conviendrait bien. Pourrais-je y dénicher une chaise ? Impossible de savoir s'il y en a une de disponible. Je m'arrête en face de cette terrasse et commence à attendre : personne ne bouge. Un passant me remarque et m'aide à m'installer. Je replie ma canne et la laisse en évidence devant moi pour que la serveuse ou le serveur sache tout de suite à quel client ils ont à faire… La place que j'ai adoptée est à moitié à l'ombre et à moitié au soleil, ni trop près ni trop loin des autres consommateurs. Parfait. C'est une serveuse qui se présente : aucune remarque sur la nature de l'arme trônant sur la table. Pourrais-je avoir un jus de fruit ? Parmi la liste, je choisis celui que je ne connais pas : un jus de canneberge. À quelle distance sommes-nous ici du Saint-Laurent ? À environ deux kilomètres, me répond-elle. Pas le courage d'y aller. Ce sera pour une autre fois. Juste derrière moi, des messieurs discutent dans un québécois fort prononcé. Je tends l'oreille, mais je ne comprends pas grand-chose à leur conversation, sauf qu'ils ont l'air de bien se connaître. De l'intérieur du café, me parvient le brouhaha feutré des conversations dont se détachent les voix de deux jeunes filles plutôt excitées, qui s'expriment en anglais et rient assez fort.

Le jus de canneberge est arrivé : son goût est un peu spécial mais pas mal du tout. Je le bois à petites gorgées. Je savoure cet instant et me sens bien dans cet endroit. Pourtant une certaine amertume ne m'a pas vraiment quitté. Cette promenade a-t-elle ravivé la mélancolie que je sais toujours au fond de moi, comme une nostalgie pour ce monde dont j'ai dû abandonner les rives voici bien longtemps ? Cela fait des années et des années que j'en suis exclu mais, quoi que je fasse, une vieille douleur se réveille de temps à autre, comme en cet instant. Rien à voir avec un rhumatisme. C'est plutôt une sorte de boule au ventre ou de serrement au cœur, dont vous prenez à nouveau conscience dans certaines situations qui ravivent en vous la perception aiguë de la perte. Par exemple, j'aurais tant voulu apercevoir sur mon chemin quelque chose de ces boutiques devant lesquelles je suis passé et dont j'ignore encore tout. J'aurais plus encore voulu découvrir, au hasard de cette balade, une librairie dans laquelle je serais entré pour y flâner et y dénicher un livre qui m'aurait plu. Il y a sûrement de cela, de ce manque inconsolable, mais il y a aussi autre chose. C'est le sentiment de solitude qui, en ce moment précis, tend à m'envahir. Je suis comme perdu dans ma bulle et j'aimerais tout simplement qu'une personne soit là, en face de moi, pour me raconter quelque chose de cet autre monde à mes yeux inaccessible. Qu'elle soit comme une sorte de trait d'union entre son univers et le mien, voire plus : qu'elle m'entretienne de la culture et de l'histoire de cet endroit. Justement, la serveuse revient pour me demander si tout va bien. Je sais qu'elle n'a guère de temps à me consacrer, mais j'ai quand même envie de l'interroger. À quel café suis-je donc attablé ? « Auprès de ma blonde », me répond-elle… Et si je continue vers le fleuve, où vais-je arriver ? À Sherbrooke et dans le Quartier latin. C'est un lieu très vivant fréquenté par les jeunes. Et juste en face de nous, de l'autre côté de la rue Saint-Denis, qu'y a-t-il ? C'est le Théâtre d'aujourd'hui. La serveuse s'excuse : elle doit accueillir d'autres clients. Je termine lentement mon jus de canneberge. L'amertume initiale s'atténue, pour laisser dominer une pointe acidulée de vie.

13

Ne jamais abandonner

Le lendemain, quand je reviens à l'université, je croise Jocelyne, qui m'invite à prendre un café dans son bureau. J'ai l'impression qu'elle a fait de cette pièce quelconque un petit chez elle. Sa machine lance bientôt de légers gloussements tandis que l'odeur du café commence à nous envelopper. Elle me demande ce que j'ai fait durant le week-end, si mon épouse va venir me rendre visite (en effet, Lydie doit bientôt arriver), puis elle m'avoue qu'elle est toujours un peu inquiète à mon égard, par exemple quand je pars déjeuner. Elle ne peut s'empêcher de s'interroger : comment va-t-il trouver son chemin ? Quand elle passe à côté de la cafétéria, elle jette un œil sur moi, juste le temps de s'assurer que tout va bien.

Sa bienveillance me touche, mais je lui dis de ne pas trop s'en faire. Car je commence à me sentir plus à l'aise dans Montréal et, d'ailleurs, je suis allé me promener hier dans la rue Saint-Denis. Vraiment ? Elle est un peu surprise, et ça lui fait plaisir. Au moment où je m'apprête à prendre congé, Jocelyne me propose que l'on se retrouve en fin de matinée. Voici bien longtemps qu'elle a pris l'habitude de faire une balade dans le cimetière qui jouxte l'université... Chaque jour, à midi, elle s'y rend avec son collègue Guillermo. Quelle drôle d'idée, me dis-je en moi-même. Jocelyne doit lire la surprise sur mon visage, et me précise que ce cimetière « Notre-Dame-des-Neiges » (quel joli nom !) est en réalité un immense parc où il est agréable de marcher. Or, en ce moment, la nature y est splendide. Puisque Guillermo n'est pas là aujourd'hui, est-ce que ça me dirait de l'accompagner ? Pourquoi pas, d'autant que le soleil est toujours de la partie.

À l'heure du déjeuner, nous partons donc vers cet endroit où Jocelyne aime tant se rendre. On marche d'un bon pas tandis qu'elle me donne le bras. Je pourrais en être troublé, mais j'ai déjà remarqué que les femmes canadiennes n'en sont aucunement gênées. Cela semble pour elles un geste spontané. À Paris, il est moins fréquent. Les Françaises considèrent-elles donc qu'elles ne doivent donner le bras qu'à leur mari ou à leur compagnon ? En tout cas, ici, pas d'ambiguïté. Sauf que donner le bras à un homme sous-entend en général que ce dernier guide le couple dans la rue. Dans mon cas, ce n'est pas si simple...

Nous voici déjà à l'intérieur du cimetière sans que j'aie eu conscience d'y entrer. J'ai l'impression qu'il se fond dans la ville, et je songe à une visite déjà fort ancienne du

Père-Lachaise, à Paris. Ici, on se retrouve dans une grande allée asphaltée qui monte en pente douce. Je remarque tout de suite le calme qui nous envahit. Nous nous mettons à marcher en silence. Je ne perçois plus que le *clic* léger et régulier des sandales de Jocelyne sur le chemin. Tout à coup, elle s'écrie : « Tu ne peux pas savoir comme c'est magnifique. MA-GNI-FIQUE », dit-elle encore en élevant un peu la voix et en détachant les syllabes.

Non, je ne peux pas savoir, en effet. Je voudrais pourtant être à l'unisson de son enthousiasme. Sans que je lui demande quoi que ce soit, Jocelyne me décrit ce qui la fait vibrer : « Les arbres sont en fleurs, et très très verts. Ils portent des fleurs roses, rouges ou blanches. C'est un spectacle extraordinaire ! On avance dans une allée au milieu de très grands arbres qui font comme un toit au-dessus de nos têtes. »

Je perçois bien maintenant cette verdure qui nous entoure. Plus précisément, je la ressens, je sens le vert, c'est tout, un vert qui rayonne, qui foisonne, qui sourit au marcheur. Je perçois aussi un je-ne-sais-quoi de légèreté dans l'air de cette belle journée, qui ne me paraît pas convenir à la nature de ce lieu. Car je ne peux m'empêcher de penser aux morts… :

« Et les tombes, où sont-elles ?

– On en voit à gauche et à droite, répond Jocelyne. Les familles viennent souvent planter des fleurs juste devant.

Ce n'est pas permis dans tous les cimetières, mais ici oui. Nous approchons maintenant d'un mausolée dans lequel sont réunies des urnes. Devant, il y a un très beau parterre de tulipes couleur saumon. Ah, tu verrais cet arbre avec ses fleurs rouge foncé ! Il est extraordinaire ! »

Je repense au rouge foncé. Je me le représente : il est bien là-bas, tout au loin, au fond de mon cerveau, ou bien tout devant, je ne sais pas. Mais ça ne me fait rien. Le rouge, très excitant en principe, reste une abstraction, comme le résidu mental d'un autre âge. Même sensation quant aux autres couleurs. Je me rappelle que le drapeau italien est vert-blanc-rouge. Mais son image ne se forme pas devant mes yeux. Et ce vert, qui nous entoure, je suppose que Jocelyne en perçoit toutes sortes de nuances. De cela, je me rappelle aussi. Si elle me parlait d'un vert clair, d'un vert-jaune, d'un vert olive ou kaki, d'un vert foncé, j'aurais immédiatement conscience de leurs différences de tons. Quelque part dans mon cerveau, des neurones sont sans doute dépositaires de ces temps anciens où ma vie était multicolore, de ma belle époque arc-en-ciel. Mais c'est ainsi aujourd'hui : je *sais* les couleurs, sans plus. Elles ne sont dans mon esprit que les souvenirs d'un monde englouti.

Moi, je ressens d'abord le calme de ce lieu et je comprends qu'il procure à Jocelyne de la sérénité. D'ailleurs, sa voix me semble devenue différente, plus intérieure en quelque sorte, comme si elle était entrée en méditation devant la nature, comme si elle se laissait pénétrer par sa beauté. Je ne peux m'empêcher de lui dire : « Ici, c'est vraiment la paix des cimetières ! »

Ça la fait rire. On n'est pourtant pas tout seuls. Je viens juste d'entendre un joggeur passer à nos côtés. Il y a aussi des gens qui font de la bicyclette. En fait, la vie circule ici au milieu des morts. Ce lieu me semble extraordinaire, pas seulement pour ses couleurs, mais parce que les morts se mêlent si bien aux vivants. Je pense à l'historien Philippe Ariès, qui a défendu l'idée que, dans notre monde moderne, les défunts puissent rester présents au milieu des vivants, comme en des temps plus anciens. Il aurait aimé cet endroit, je crois. La pente devient un peu plus forte.

« Est-ce que nous allons encore monter ?

– On pourrait aller plus haut, jusqu'au mont Royal, où se trouve la grosse basilique de l'oratoire Saint-Joseph, me dit Jocelyne. Mais nous n'en aurons pas le temps. Tu sais, ce cimetière est immense. Je crois bien que c'est le plus grand d'Amérique du Nord. C'est pourquoi on peut y circuler en voiture. Avant de rentrer, je voudrais encore te montrer quelque chose. »

Nous passons à côté d'autres mausolées, ornés de tulipes blanches et bourgogne (un rouge qui tire vers le brun) et de lilas japonais qui ne sentent rien (ce n'est pas la saison). J'entends le bruit rafraîchissant d'une fontaine. Et on s'arrête en haut d'une pente.

« Nous sommes maintenant devant un grand monument avec quatre colonnes en marbre », m'annonce Jocelyne. Elle me prend la main et la pose sur quelque chose.

« Tu devines ce que c'est ? »

J'hésite, mais je crois bien reconnaître un visage.

« Bravo, c'est celui de Maurice Richard, notre célèbre joueur de hockey qui [elle lit une plaque sur sa tombe] est le premier à avoir marqué cinquante buts en cinquante matchs lors de la saison 1944-1945. Il est devenu plus tard maire de Montréal. »

Jocelyne m'invite à monter une petite marche pour toucher quelque chose en métal. Cette fois-ci, je n'arrive pas à deviner ce que cela représente : le flambeau de la victoire brûlant au milieu des colonnes. On oblique à gauche et Jocelyne m'indique alors l'empreinte de la main du joueur. Je perçois en effet le pouce et les autres doigts. En dessous sont gravés ces quelques mots avec le drapeau du Canadien : « Ne jamais abandonner. » Ça me va bien, cette devise, quoique je ne sois pas un grand sportif. La semaine dernière, avant le match contre Boston, deux jeunes filles sont venues mettre leurs mains dans celle de Maurice Richard. C'est dire la dévotion au dieu hockey, dans ce pays.

Il faut déjà rentrer. Je serais bien resté plus longtemps au beau milieu de cette verdure. Mais on n'a pas prévu de pique-nique. Dommage. Sur le chemin du retour, Jocelyne me prévient encore que l'on passe à côté d'une allée de splendides marronniers. Pas plus qu'à l'aller je ne me rends compte que l'on a quitté le cimetière pour se retrouver déjà dans la ville. Nous déjeunons ensemble, puis retour à nos bureaux respectifs. Chacun dans sa case académique : elle comme assistante du département de science politique, moi comme professeur invité.

Je passe une partie de l'après-midi à répondre à mes messages puis à préparer mon prochain cours. Je compte projeter aux étudiants des images de la célèbre expérience de Stanley Milgram sur la soumission à l'autorité, tournées à l'université de Yale. Le sujet de cette expérience doit faire apprendre des couples de mots à un supposé élève ; quand ce dernier fait des erreurs, il lui inflige des chocs électriques croissants. En fait, cet élève est complice de l'expérimentateur : il se trompe souvent, ce qui oblige le sujet à lui infliger des chocs électriques de plus en plus dangereux. Le but de l'expérience est de savoir quand ce dernier va s'arrêter, refuser d'obéir. Ces images sont impressionnantes, et l'on va certainement avoir une bonne discussion en classe. J'ai aussi l'idée de prendre un rendez-vous chez le coiffeur afin de me faire tout beau pour l'arrivée de Lydie. Jocelyne m'aide à trouver un salon mixte non loin de chez moi, près du métro Beaubien. J'ai de la chance : il reste une place dans l'après-midi.

Dans le métro, une personne me propose son aide. Curieuse sensation : je ne saurais dire si c'est un homme ou une femme ! La voix me semble flotter dans un entre-deux indéfinissable, c'est étrange. Nous commençons à échanger quelques banalités. Je tente à plusieurs reprises de poser une question qui exige un accord féminin ou masculin marqué (par exemple « je suis content(e) » de ceci ou de cela...), pour essayer de lever le mystère... mais mon interlocuteur/trice esquive systématiquement mes interrogations-pièges. La personne est descendue à Jean-Talon sans que j'aie pu identifier son sexe. Et l'on s'est perdus dans la foule.

Dans le quartier Beaubien, je trouve sans difficulté le salon de coiffure. « Ça va pas être trop long », m'assure une dame en m'accueillant. Je suis déjà coutumier du « ça va pas être long », qui signifie en général une attente de cinq à dix minutes. « Pas trop long » exige sans doute un peu plus de patience. Qu'importe, j'ai du temps devant moi.

J'ai fait mon entrée avec la canne. Pas de remarque spéciale ni d'anxiété particulière de la dame qui me guide avec simplicité vers un fauteuil. D'aucuns se mettraient alors à observer ce qui se passe dans le salon ou à regarder un magazine offert aux clients. Moi, je vais laisser vagabonder mes oreilles et mon imagination. Première impression : cette salle est plutôt grande, comme le suggère la résonance des voix. Il n'y a que des femmes, ici. Si un autre homme est présent, il est en tout cas bien silencieux... Une radio marche en sourdine et personne ne semble l'écouter. L'animateur s'y exprime dans un québécois fort prononcé.

Je remarque deux foyers sonores bien distincts, l'un à ma gauche et l'autre un peu plus sur la droite. Deux clientes, donc, en conversation avec leurs coiffeuses respectives. À gauche, elles paraissent un peu plus bavardes. Tiens, on ouvre la porte du salon. C'est une cliente qui vient prendre un rendez-vous. Elle discute avec la dame qui m'a accueilli. C'est sans doute une habituée : l'une et l'autre semblent bien se connaître. C'est apparemment un salon de coiffure pas du tout « chichiteux », bien intégré dans ce quartier de Montréal.

Tout à coup, un sèche-cheveux démarre sur ma droite. Il se met à rugir en poussant un cri régulier, plutôt dans les aigus. À peine a-t-il commencé sa ronde autour de la tête de la cliente que sur ma gauche, un second ouvre le bal. Celui-là a une voix plus grave, plus « pépère ». Est-il plus vieux ? L'un et l'autre semblent s'être donné le mot pour faire leurs gammes de concert. La conjonction de leur chant métallique est presque harmonieuse. Les dames de gauche se mettent alors à parler plus fort. Déjà qu'elles étaient un peu bruyantes, ces deux-là... Je ne comprends rien à leur conversation. La coiffeuse fait « taratata » et la coiffée « tralalala ». Et leur sèche-cheveux, lui, bat la mesure avec ses « vrrr » du plus bel effet, s'appliquant à faire des bouclettes à la dame. C'est comme si j'étais au milieu d'un concert improvisé. Brusquement, les deux sèche-cheveux interrompent leur duo. C'est déjà l'entracte ?

Un silence relatif emplit le salon. Le bourdonnement de la radio, qui avait presque disparu, revient sur le devant de la scène. Une musique sirupeuse, presque endormante se répand dans la pièce. J'espère que ça va bientôt être mon tour. Soudain, le sèche-cheveux de gauche se remet à vrombir, poussant des gloussements bonhommes. Aussitôt, celui de droite, qui ne veut pas être en reste, mugit de plus belle. Ils ont vraiment l'air d'être complices. Le concert recommence, tournant même à l'opéra ! Car les deux dames sur ma gauche, dont la conversation va *crescendo*, se répondent en cadence pour entonner un « taratata-tralalala » très entraînant. Je les imagine dans un film comme *Les Parapluies de Cherbourg*, chantant à pleine voix devant le miroir, la coiffeuse dansant bientôt autour du fauteuil de la coiffée, faisant virevolter son sèche-cheveux comme une baguette magique. Puis tout s'arrête. Je n'entends plus rien. Le spectacle est fini, les projecteurs s'éteignent. Une voix me parle : « Monsieur, c'est à vous. »

Arrivant devant chez moi, je retrouve Georges, mon voisin, en bas de notre immeuble. Il est tout excité car il vient de récupérer son vélo, qu'il avait laissé chez des amis avant de partir en Thaïlande. Il est en train de bricoler quelque chose, mais je ne sais quoi. Il adore faire du vélo – vous savez, tout le monde en fait à Montréal. La ville a mis en place un système de location Bixi, qui ressemble au Vélib' de Paris.

De mon côté, je l'informe des dernières nouvelles du front : je ne peux toujours pas me servir de mon téléphone et il faut maintenant que je le renvoie en France. Le « sommet de déblocage » entre Paris et Montréal, entre la société Telorion et la boutique de Charif, a échoué et ce dernier, amer de n'avoir pu me rendre service malgré sa bonne volonté et le temps investi, m'a en quelque sorte congédié d'un : « Je ne peux plus rien faire pour toi. » Tandis que je raconte à Georges mon accablement (depuis mon arrivée, je n'ai cessé d'avoir des problèmes avec cet appareil, qui devait pourtant favoriser mon autonomie), son sang ne fait qu'un tour. Je l'entends poser son outil par terre et se relever. Comme s'il avait subi une vexation personnelle, il se met à parler plus fort : « Jacques, encore une fois, vous vous êtes fait avoir ! Tous des crosseurs, je vous dis ! Il faut vous défendre ! » J'abonde dans son sens, mais renonce à lui expliquer la nature exacte du problème. Saurait-il m'indiquer où se trouve une poste, puisque l'urgence est de renvoyer mon téléphone en France ? Ce n'est pas tout près, mais il va m'accompagner, me répond-il. Ça lui fait plaisir et ce sera plus simple pour moi. Il range son vélo et nous remontons dans nos studios respectifs. Peu de temps après, nous partons ensemble et j'ai la surprise de constater que le service postal est hébergé dans une sorte de drugstore. Rien à voir avec le bon vieux bureau de poste à l'ancienne.

De retour chez moi, je n'ai guère le cœur à l'ouvrage. Je réponds à quelques courriels puis me plonge dans la lecture du journal *Le Monde*. J'en reçois l'édition complète chaque jour sur mon ordinateur, accessible grâce à une voix de synthèse. Quand j'y repense, quel changement radical avec les précédentes années ! Je suis de cette génération qui adorait lire un quotidien le matin avec un bon café et un croissant ou une tartine beurrée. Lorsque j'ai perdu la vue, dans ma trentaine, ne plus pouvoir lire le journal chez moi, dans le bus ou dans le métro a amplifié la sensation du naufrage en pleine vie. Les petites lettres disparaissaient dans une infâme bouillie de gris. Je parvenais encore à lire les sous-titres et les titres des articles et à deviner les photos, quoique celles-ci s'éloignaient de plus en plus dans un nuage de flou. Il ne m'est bientôt plus resté que les gros titres, que je déchiffrais avec difficultés, syllabe par syllabe, lettre par lettre. Et puis, plus rien : le gris, l'obscur, la mort des signes. J'ai alors perdu pied. J'ai failli me noyer dans un morne océan de mots dont je ne percevais plus la surface. C'était horrible. Durant des années, je ne saurais les compter, j'ai été privé de ce monde des journaux dont je n'avais plus qu'un bref écho quand, sur mon insistance, on me lisait tel ou tel article.

C'est dans cette période que je me suis mis à aimer de plus en plus la radio au point d'en faire l'un de mes objets de recherche. Elle a alors été ma bouée de sauvetage. Chère radio, comment ne pas te rendre hommage ! Tu as été, tu restes toujours ma fenêtre ouverte sur l'univers. Toutes ces voix, toutes ces musiques que tu me fais entendre, continuent à me donner les couleurs de la vie et nourrissent mon imagination. Comme un détenu dans sa cellule, aux heures les plus sombres de ma chute, tu ne peux pas savoir combien tu m'as aidé à ne pas me sentir enfermé dans la prison de mon aveuglement. Tu as été mon système respiratoire, grâce auquel j'ai pu rester branché sur les rumeurs du monde. Aujourd'hui, avec le développement de l'informatique, me voici revenu en partie vers les journaux. Quel bonheur ! Depuis les années 2000, une entreprise française installée à Marseille, Vocale Presse, a en effet mis au point une interface entre l'édition écrite d'un journal et sa version orale. Comme n'importe quel lecteur, on peut maintenant s'abonner à un quotidien ou un magazine, que l'on écoute sur son ordinateur. C'est fabuleux !

En début de soirée, je retrouve Georges sur notre balcon-terrasse. Il a fait finalement assez chaud aujourd'hui, et il prend le frais « torse nu », me précise-t-il. Il adore ça. Le temps est en effet délicieux et la lumière du jour doit être en train de décliner. Je m'assieds à côté de lui sur ma chaise en plastique et nous commençons à papoter. Georges aimerait me faire progresser en québécois et m'apprendre des mots grivois. « Tenez, quand vous irez à votre université, essayez de placer dans la conversation : "Elle a plus de gosses que lui !" » Il en rit tout seul. Je comprends que ça veut dire : « Elle a plus de couilles que lui ! » « Et, Jacques, quand vous lâchez un juron, ne dites pas "tabernacle" mais prononcez “tabarnak”. C’est du vieux québécois, dérivé de la religion catholique. »

Tout à coup, il s’interrompt : « Vous avez entendu ce rouge-gorge, là-bas ? » Je dresse l’oreille et j’entends en effet un oiseau. « Non, non, pas lui. Ça, c’est un vulgaire moineau qui est sur le fil en face de nous. Le chant des rouges-gorges n’est pas du tout comme ça. » Il se lance dans un sifflotement magnifique. J’en reste coi et lui exprime mon admiration. « J’adore les rouges-gorges, explique-t-il, parce qu’ils annoncent le printemps. Ils arrivent du Mexique tout rachitiques et après avoir mangé beaucoup de vers chez nous, ils en repartent bien gras. »

Je n’ai pas besoin de faire la conversation, Georges est très bavard. Il va me manquer quand il sera parti (dans deux jours, il rejoindra son nouvel appartement, m’a-t-il confirmé). Il continue : « Vous savez que les rouges-gorges chassent au son ? » Il a accentué la fin de sa phrase pour me faire comprendre l’importance de sa remarque. Comme je me permets d’en douter, il précise : « Oui, monsieur. Je les ai longuement observés. Ils s’arrêtent sur le sol à un endroit particulier puis se mettent à le piétiner. Ils tournent alors leur tête à gauche puis à droite et, *slac !*, ils plongent leur bec sous terre pour en ramener un magnifique ver. Parfaitement, monsieur, sans les yeux ! »

14

Une virgule de bonheur

Je mets un point d'honneur à aller chercher Lydie à l'aéroport. Bien sûr, elle pourrait prendre un taxi pour se rendre à mon studio, comme elle me l'a proposé. Mais venir l'attendre me fait plaisir. Et j'aimerais lui prouver ainsi mon aisance à me débrouiller dans Montréal. Dans la pratique, cela s'avère plus compliqué que je ne l'avais pensé… Je me rends au métro Berri-UQAM, où l'on attrape la navette pour l'aéroport Pierre-Trudeau. Consternation : en sortant de la rame pour aller vers les bus, je me heurte à d'importants travaux dans la station. Un voyageur pressé me lance : « C'est par là… » J'avance dans la direction indiquée sans être tout à fait sûr de moi. Je frappe le mur d'un couloir : *tac toc tac toc tac toc*. Me voici rendu à une nouvelle intersection. Vers où me diriger maintenant ? L'anxiété commence à grimper et je crains de me mettre en retard. Il faut guetter une âme charitable. Mais les gens circulent vite par ici. J'entends le bruit d'un bagage à roulettes qui avance vers moi. Il pourrait bien aller là où je vais et je suppose qu'il n'y va pas tout seul... Quand il se présente à ma hauteur, je lui parle :

« Bonjour, savez-vous quelle est la direction pour la navette de l'aéroport ?

– On y va ! »

C'est la voix d'une jeune femme parlant français avec un léger accent africain, il me semble. Ouf ! J'ai réussi à me faire repêcher. En chemin, on engage la conversation : elle est béninoise et rentre au pays avec sa cousine. Nous progressons dans un invraisemblable dédale de corridors et débouchons enfin à l'air libre, au départ des bus.

Une fois calé dans la navette, je me relaxe. La première étape est franchie. Reste la seconde : trouver le hall des arrivées. Je sollicite l'aide d'un voyageur en sortant du bus. Pas de problème : il me conduit vers un agent de l'aéroport. L'avion de Paris ? Il a un peu de retard et je suis un peu en avance. L'employé évalue mon attente à environ quarante-cinq minutes, voire une heure. Je ne vais pas rester debout au beau milieu de ce hall. Il me propose de me guider à une terrasse de café. D'accord. Nous marchons peut-être deux ou trois minutes avant d'y arriver. Je me rends compte que je n'aurai aucun repère fixe pour faire le chemin en sens inverse. Aucun mur pour me guider : impression d'être dans le vide, avec pour tout compagnon le brouhaha ambiant. L'employé comprend et il me promet de revenir me chercher quand les passagers du vol de Paris se présenteront à la sortie. Il me dépose à une table de la terrasse, un peu comme un paquet, et puis s'en va.

Cette terrasse me paraît presque vide. Aucune conversation ne parvient à mes oreilles sauf celle d'un couple assis à quelques tables de la mienne, qui se parle en anglais. Je me sens tout à coup fort seul, paumé, comme si je m'étais échoué sur une île déserte perdue au milieu d'un clapotis de voix. Vivement que Lydie arrive. Je commande un jus d'orange – trop sucré : je ne le finirai pas. Pour tuer le temps, je me replonge dans mon roman, *Canada*, qui pourtant ne me passionne guère.

Voici plus d'une heure que je suis là et mon employé ne revient pas. Mais que fait-il, bon sang ? Le vol doit déjà être arrivé et les voyageurs doivent récupérer leurs bagages, à présent. Personne alentour à qui demander un renseignement. Je dois prendre une décision : partir d'ici et y aller à l'aveugle. Je me lève donc et *schlack*, je sors mon arme blanche. J'avance dans cet immense espace, sans repères fixes au sol, sans direction précise. Je m'efforce d'avancer dans le sens inverse duquel je suis venu, du moins je le suppose. *Tactactactac*… j'ai l'impression de flotter dans le vide au beau milieu du bruissement des pas et des voix des voyageurs anonymes. Je tente d'aller à peu près droit vers ce lieu que j'imagine être celui des arrivées. Personne ne vient à ma rescousse. Il faut quand même que je vérifie si je m'approche du but. Je m'arrête donc et attends. Quelqu'un va bien finir par m'aborder. Une voix d'homme me parle avec un accent québécois.

« Avez-vous besoin d'aide ? Le hall des arrivées ? Vous n'êtes pas loin. Dirigez-vous un peu plus sur la gauche. » Et, joignant le geste à la parole, il me prend le bras pour me faire obliquer dans la bonne direction. Je reprends ma marche laborieuse et pifométrique, sans trop savoir où et quand je dois m'arrêter.

« Coucou, je suis là ! » Surprise, c'est Lydie ! Cela fait presque une demi-heure qu'elle attend ! Et moi qui étais en train de tuer le temps à cette maudite terrasse de café ! Je suis furieux contre cet employé qui m'a oublié. J'ai l'impression que c'est elle qui est venue me chercher et non moi ! Bon, l'essentiel est qu'on se soit retrouvés et qu'elle ait fait bon voyage.

Dans le taxi qui nous conduit à Rosemont, Lydie me donne des nouvelles de la famille, de nos filles, etc. Et moi ? Comment ça se passe ? Pas trop mal, hormis les aventures avec mon téléphone récalcitrant. On est heureux de se revoir et je suis impatient de lui montrer mon petit appartement. Quand j'ai annoncé à Georges que mon épouse allait bientôt venir, celui-ci m'a répondu : c'est bien, ce sont vos yeux qui arrivent ! Je n'ai pas du tout apprécié sa remarque et le lui ai dit. Il est certain que Lydie m'a prêté sa vue un nombre incalculable de fois. Et, tout en assumant sa vie professionnelle, elle a aussi pris en charge bien davantage que moi les tâches matérielles de la maison, pour me laisser à mes travaux de recherche et d'écriture. Déjà que la vie au quotidien avec un chercheur n'est pas simple, on en a bien des témoignages, mais avec un chercheur handicapé, c'est le pompon ! Sans la disponibilité efficace de Lydie, je ne serais jamais devenu ce que je suis ni ne ferais ce que je fais. Et il y a plus : par-delà ce soutien fonctionnel, Lydie a été et est d'abord une présence indéfectible. Dans mes périodes de doutes, elle a toujours été là pour me dire : « Tu vas bien y arriver. » Ce regard confiant et aimant est tout simplement inestimable.

Mais la nécessité de son aide (je n'ose écrire de son assistance) m'a parfois pesé, et lui a pesé à elle aussi. Toujours lui demander ceci ou cela, quelque chose, pas grand-chose parfois, juste un petit service qui l'interrompt dans ses propres activités. À la longue, ces sollicitations multiples sont fastidieuses. Alors, vous cherchez à être le plus autonome possible, le moins dépendant dans votre dépendance. Vous faites appel à des tiers, ces autres êtres humains qui ont aussi l'avantage d'avoir des yeux. Mais qui ne sont pas non plus toujours disponibles quand vous en auriez le plus besoin. Il reste bien sûr votre machine préférée, cet ordinateur miracle qui parle. Mais, comme par hasard, le jour où vous devez absolument vous en servir pour finir un travail urgent, le bougre vous lâche : il ne veut plus rien entendre et s'obstine à demeurer mutique. Que se passe-t-il donc ? Avez-vous fait une fausse manipulation ? Est-ce grave ? L'inquiétude vous gagne. Comme votre épouse est là, vous la sollicitez à nouveau pour « venir voir » et résoudre le problème. Vous n'avez pas le choix.

Cette relation de dépendance peut engendrer des tensions dans le couple. Si au moins vous pouviez rendre service d'une autre manière. Cela pourrait contribuer à rétablir un certain équilibre. J'ai ainsi plusieurs fois rêvé d'être un autre. Pouvoir par exemple conduire une voiture m'aurait plu, c'est certain. Et cela m'aurait fait aussi plaisir de servir de chauffeur à Lydie, à nos filles ou à des amis. Ou encore, savoir bricoler dans la maison, pas aussi bien que mon frère qui sait tout faire avec ses mains, mais juste un peu, pour déroger à mon image d'intello et contribuer à améliorer l'espace de notre quotidien. Une fois passé ce moment de rêverie, je dois bien revenir en moi, c'est-à-dire retourner dans ma coquille de non-voyant.

Nous avons donc nos moments de ras le bol réciproques. Mais après la tempête, nous savons aussi nous retrouver pour naviguer en eaux calmes. Se parler, toujours se parler, voilà le seul moyen de lever nos frustrations et incompréhensions mutuelles. Car, par-delà ce fichu handicap, il y a bien plus entre nous, quelque chose de plus fort qui, depuis des années, nous relie et nous nourrit. C'est le cœur même de notre relation, le socle commun de nos valeurs et de nos sentiments l'un pour l'autre : une détestation de l'injustice et de la violence, un esprit de famille, le goût des autres, un amour partagé.

Le taxi nous dépose déjà devant chez moi. Lydie a vite fait le tour du studio et le trouve tout à fait fonctionnel. J'ai pris soin de faire un peu de ménage avant son arrivée, en me servant de l'aspirateur. Et j'ai droit à ses félicitations... Je suis curieux d'apprendre ce qu'elle découvre d'un simple coup d'œil dans l'appartement et que je n'aurais pas encore identifié. C'est comme un jeu : elle me nomme les objets qui sont dans les pièces et je vérifie si tout ce petit monde est bien présent dans ma tête. L'état des lieux est très positif : j'ai tout repéré sauf des crochets pour suspendre des vêtements, posés derrière la porte de la salle de bains. Ils étaient bien cachés, ceux-là... Puis Lydie ouvre le réfrigérateur et remarque : « Oh, il n'y a pas grand-chose ! » Je ne peux guère la contredire. Nous prenons un thé puis allons faire un tour dans le quartier. Je suis content de lui servir de guide, lui indiquant la station de métro la plus proche et les quelques magasins dans lesquels j'ai pris l'habitude de faire mes courses. Qu'est-ce qui est le plus difficile dans mon adaptation ? me demande-t-elle. Le plus dur, c'est ce combat quotidien et obstiné à faire des percées dans une muraille invisible, à gratter la pellicule de mon brouillard, pour m'approcher du réel. Et pourtant, malgré l'énergie dépensée, passer à côté de ce qu'elle voit du premier coup d'œil : ce magasin de décoration là-bas, ce restaurant de l'autre côté de la rue, cette boutique d'informatique un peu plus loin...

Lydie va rester peu de temps. Elle passera quelques jours à Montréal (qu'elle connaît déjà) puis on fera une escapade à Ottawa (que nous ne connaissons ni l'un ni l'autre), et retour à Paris où son travail l'attend. Moi, je dois continuer à aller à la fac pour y faire mon cours. Pendant ce temps, elle en profitera pour visiter le Musée d'art moderne et se rendre au Jardin botanique. Le lendemain de son arrivée, quand je reviens à l'appartement, le frigo est rempli ! Miracle ! Enfin, pas tout à fait...

Le dimanche, nous allons nous promener dans Montréal, à la découverte de coins où je peux difficilement me rendre seul. Nous descendons au métro Sherbrooke pour aller vers le Plateau-Mont-Royal. Il est encore tôt et les rues sont très calmes. Le soleil pointe son nez et le fond de l'air reste frais. Je tiens le bras de Lydie et elle me décrit de temps en temps ce qu'elle voit, que ce soit le paysage ou un détail un peu surprenant. Sur le mur d'une maison, une affiche annonce : « Pain de viande fait sur place ». Qu'est-ce que ça peut bien être ? Plus loin, elle aperçoit un jeune homme qui porte une pancarte dans son dos : « Perfection Jésus-Christ ». Il avance vers nous. Va-t-il nous aborder pour nous convaincre ? Je le sens passer à notre hauteur et continuer son chemin. Où se rend-il donc ? Nous entrons déjà dans le parc La Fontaine. Lydie m'informe que l'on a commencé à marcher le long d'un grand bassin, ce dont je n'ai pas conscience. Mes oreilles me renvoient les pas des joggeurs, qui nous croisent à petites foulées, et au loin, les moteurs de quelques voitures. Rien de très excitant… On arrive au café La Fontaine pour y boire un thé. Il y a beaucoup de monde, mais Lydie aperçoit deux places sur la terrasse. On commande des galettes à l'avoine. Ce lieu bourdonne des voix emmêlées de dizaines de personnes. Soudain, la musique d'une chanson se faufile à travers les tables et nous enveloppe de sa mélopée. Elle provient de l'intérieur du café : c'est Barbara qui chante *Ma plus belle histoire d'amour, c'est vous*. Moment magique de douceur et de mélancolie.

Nous reprenons notre balade pour nous rendre au Grand Belvédère. Il paraît qu'on y a un beau point de vue sur la ville… Nous nous enfonçons peu à peu dans le parc du Mont-Royal. Plus de bruits de voitures en fond sonore, mais le chant des oiseaux, l'aboiement des chiens, les cris des enfants, les pas de joggeurs (ils sont partout, ceux-là…). Tiens, on doit passer à côté d'un cours de tennis puisque j'entends les *clocs* typiques de la balle qui va et vient entre les joueurs.

« Ça ressemble au bois de Boulogne », remarque Lydie. La végétation est un peu plus dense par ici. On a l'impression de s'enfoncer dans une forêt alors que nous sommes au cœur de la ville. Étonnant… Le chemin, qui montait jusqu'à présent en pente douce, devient un peu plus raide. Lydie me donne alors le bras : je l'entraîne dans mon élan. Il commence à faire chaud… On a l'air de parfaits touristes, elle avec son pantalon en coton blanc et moi en bermuda bleu avec mon chapeau. Nous voici arrivés au belvédère Kondiaronk où nous rejoignons d'autres visiteurs qui font *blablabla* et *clic clic clic* avec leurs appareils photo. Lydie me lit le guide et j'attrape des grappes de mots : « Offre une des plus belles vues sur le centre-ville… Le pont Jacques-Cartier qui… Perspective splendide quand ses gratte-ciel s'illuminent le soir ». Quoi ? Il y a des gratte-ciel devant nous ? Je n'arrive pas à l'imaginer.

La lecture du guide me barbe ; de même pour Lydie. Je préfère qu'elle me décrive ce qu'elle voit : « Le fleuve va de droite à gauche… Il est derrière les gratte-ciel. Le pont Jacques-Cartier, avec ses gros piliers et sa structure métallique, est un peu caché par les arbres… On aperçoit aussi un grand stade, je suppose qu'il date des Jeux olympiques. Tout est très vert. » Je m'efforce de me représenter ce qu'elle me décrit. Je mobilise mes images anciennes de fleuves, de ponts et de stades… Mais ce paysage me reste abstrait. Pourtant, je suis content qu'elle me fasse cette description. Cela me donne une idée de là où nous sommes et de ce qu'on y voit. C'est comme si Lydie me permettait d'entendre en stéréo. D'un côté, je perçois les sons du monde en direct, de l'autre, elle me transforme les images du monde en sons, du moins en partie et à sa façon. C'est comme si j'avais un double canal d'accès à la réalité, qui a le mérite de me sortir de ma bulle.

Nous redescendons vers le parc du Mont-Royal. Maintenant, il fait vraiment chaud. On déambule dans une allée sans but précis, quand je commence à les entendre… Au début, ce n'est qu'un léger murmure dans le fond, tout là-bas. C'est comme un point lumineux à l'horizon, sauf que c'est un point de vibrations. Instinctivement, je me sens attiré vers eux. À mesure que nous nous rapprochons, leur rythme devient plus clair, plus net. Pas de doute, il faut marcher dans cette direction pour aller à leur rencontre. Leur tempo est très entraînant. Sans nous en rendre compte, on a accéléré le pas. Voilà, on y est : on se mêle à une petite foule qui les écoute sans que ne cessent les conversations. Maintenant, on les entend très bien, très fort. Je suis emporté par leurs battements obsédants. Je tire le bras de Lydie vers le premier rang. Elle comprend, car elle aussi aime bien être toute proche de la musique, quand nous allons à un concert. Plus on est près de l'orchestre, plus on est immergé dans un océan de musique, qui nous plonge dans un autre monde. Alors oui, je revois des couleurs : une gerbe de bleu quand s'envole le piano, des étincelles de rouge quand tourbillonnent les violons, des arabesques de jaune quand s'élancent les clarinettes, et quand tous ces instruments exultent ensemble, c'est comme si un feu d'artifice m'éclaboussait les yeux.

Aujourd'hui, nous voici au milieu de cette joyeuse bande de tam-tams qui s'élancent dans le ciel, font silence une fraction de seconde, et retombent dans un beau vacarme. On m'en avait parlé. On m'avait dit que des joueurs ont pris l'habitude de se réunir dans ce parc, à la belle saison, près du monument de George-Étienne Cartier, père de la Confédération canadienne. Ils sont donc là. Je ne saurais évaluer leur nombre : qui sait, une vingtaine, voire plus ? Leurs rythmes me transportent et me chavirent par leurs tempos, tantôt saccadés, tantôt réguliers. Avec eux, je revois du vert, un vert qui gonfle, gonfle, retombe comme une crêpe puis rebondit dans l'air. Je le sais, c'est un très beau vert qui illumine les arbres de ce parc, ondule comme une danse et se fait léger dans la beauté de cette journée.

L'après-midi, nous décidons d'aller près du fleuve. Après tout, Montréal est située sur une île et on ne s'est pas encore rendus au bord du Saint-Laurent. Nous descendons au métro Place-d'Armes pour aller vers la cathédrale Notre-Dame et prendre ensuite la direction du vieux port. Juste à la sortie, les cloches se mettent à sonner... Surprise : une très forte odeur de crottin saisit nos narines... Pouah ! Dans ce vieux quartier de Montréal, on doit proposer aux touristes de faire une balade en charrette à cheval. Nous empruntons la petite rue Saint-Pierre qui sent la fumée. Quelque chose aurait-il brûlé par ici ?

Lydie me prévient que nous approchons déjà du fleuve. D'un côté, elle aperçoit une pelouse, de l'autre, des bâtiments industriels. « Rien de très beau », ajoute-t-elle. Aucun élément ne me permet de me rendre compte que nous sommes arrivés au bord de l'eau. Je me sens idiot et lui demande : « Mais où est donc le fleuve ? – Sur notre droite », répond-elle. Nos pieds foulent maintenant la pelouse qui laisse place parfois à du gravier.

Les bruits d'un rassemblement pointent à mes oreilles. J'entends une clameur puis des applaudissements. Nous croisons des petits groupes de personnes éparpillées sur la pelouse. Une jeune femme nous donne un papier, que Lydie lit rapidement. Il s'agit de l'arrivée d'un marathon qui est organisé par le « grand défi Pierre Lavoie ». C'est un événement sportif destiné à collecter des fonds en faveur de la recherche sur le cancer et les maladies dégénératives. On perçoit de loin la voix d'un speaker qui encourage les coureurs. Ses paroles résonnent dans les haut-parleurs et ça fait un peu arrivée du Tour de France... Atmosphère bon enfant mais un peu soûlante.

On continue à progresser vers le vieux port. Je n'aurais jamais pu venir ici tout seul et avancer au milieu de cette grande pelouse. Une douce brise atteint mon visage. Est-ce qu'on s'approche enfin du bord de l'eau ? Sensation délicieuse : ça me fait penser à la mer. Soudain, je perçois un air de saxophone qui sort je ne sais d'où. Lydie ne l'avait pas remarqué ; maintenant oui. C'est un morceau de jazz très dansant, très connu, mais j'en ignore le titre. Il vient de la droite, probablement de la terrasse d'un café ou d'un restaurant, à moins que ce ne soit d'un bateau ? Cette musique est gaie et virevoltante. Avec ce vent qui devient un peu plus fort, et ce soleil qui chauffe mon visage, c'est une virgule de bonheur.

Nous arrivons dans le vieux port. Il y a bien moins de monde par ici. Qui sait, presque personne, peut-être ? Tout à coup, j'entends le doux murmure de l'eau.

15

Ottawa

Une merveilleuse odeur de muguet nous attend à Ottawa. Elle est juste là, au seuil de l'escalier qui mène à notre chambre d'hôte. Elle surprend le visiteur, qui n'en croit pas son nez. En un instant, je suis happé par le nuage de son parfum. Cet effluve inattendu réactive en moi le souvenir du jardin de mon père. À l'entrée, juste sur la gauche, il avait aménagé un petit coin pour le muguet. C'est comme si j'en revoyais les clochettes, sagement alignées près de la bordure de l'allée.

On sonne. *Buuiii* : un bruit électrique, un peu grinçant, presque inquiétant, accompagne l'ouverture de la porte. Sitôt entrés, nous entendons un « Hello ! » peu engageant et lointain. Brrrr ... D'où vient-il ? Du fond de la pièce ? On hésite à faire un pas de plus... La voix un peu chevrotante, qui s'est rapprochée de nous, mais pas trop, s'enquiert de notre identité. Oui, c'est bien nous qui sommes attendus. Une pendule se met à sonner dans le vestibule, d'un air lugubre. L'odeur si lumineuse du muguet a déjà disparu. N'est-elle donc là que pour faire illusion ? Serions-nous très mal tombés ? Ah ! Il faut payer tout de suite. Oui, oui, bien sûr. Nous laissons nos bagages dans le couloir pour aller dans une pièce sur la droite, que je suppose être la salle à manger. Après de brèves formalités, nous nous délestons très vite des dollars exigés. Alors, la voix devient un peu plus aimable. Avons-nous fait bonne route ? Aucun problème : nous sommes venus avec une voiture de location équipée d'un GPS, et nous avons trouvé tout de suite. De quel pays venons-nous ? De France… Mais vous parlez anglais ! La voix en est surprise et satisfaite. Elle nous fait comprendre que des Français qui parlent français, elle n'aime pas beaucoup. Mais des Français qui parlent anglais, ceux-là sont les bienvenus et même très appréciés, pourvu qu'ils payent, bien sûr. La voix est maintenant détendue, presque agréable. Notre hôtesse – c'est une vieille dame – va nous montrer notre chambre. Chacune a sa couleur, explique-t-elle. Nous serons dans la chambre jaune, au premier étage, très *cosy*, dans le style anglais, me dira Lydie. Nous y serons au calme.

Nous posons nos affaires pour aller tout de suite faire un tour dans la ville. Le temps est maussade alors qu'on a quitté Montréal sous le soleil. L'atmosphère y est bien différente : ici, on parle partout anglais. Il est pourtant écrit dans notre guide que la ville d'Ottawa, capitale administrative du Canada, est bilingue. D'ailleurs, les panneaux de signalisation et les noms de rue sont dans les deux langues. Nous croisons beaucoup de jeunes, étant tout près de l'université. Nous traversons un marché couvert où Lydie repère de faux masques indiens. Sans intérêt. Puis un air de guitare baba cool nous attire sur une petite place, où nous nous arrêtons pour prendre un thé. La terrasse est pleine de jeunes qui parlent fort. Non loin de notre table, je perçois un groupe d'étudiantes qui s'expriment en français – ou plutôt en québécois, car je comprends à peine ce qu'elles disent. Et si on allait déjà faire une visite ? Pourquoi pas au Parlement, qui est situé juste au bord de la rivière dite des Ottaouais ? Ce doit être un lieu intéressant à découvrir.

Nous nous retrouvons sur une grande place, de laquelle le visiteur contemple la majesté du bâtiment. Qu'est-ce que j'en perçois, au juste ? Rien du tout. *Nothing. Nada.* J'ai bien conscience d'être au centre d'un espace très aéré à partir duquel j'entends des enfants qui jouent à je ne sais quoi et des oiseaux qui volent pour aller je ne sais où. C'est tout. Seule consolation : ce joli carillon qui enchante tout à coup la fin d'après-midi, suivi par un tocsin dont les sonorités plus graves font penser à celui de Notre-Dame, ou plutôt de Westminster. On est ici sous influence britannique. Et encore, cette odeur de lilas qui nous saisit quand nous allons marcher juste derrière l'édifice pour tuer le temps qui nous reste avant d'en faire la visite.

Nous rejoignons un petit groupe de touristes qui a choisi un guide parlant français. C'est un jeune homme qui vient à notre rencontre. Son français est excellent mais il s'exprime avec un phrasé qui résonne comme si, à tout instant, il allait basculer vers l'anglais, qu'il doit parler bien plus souvent. Nous ne sommes pas très nombreux : une petite dizaine. Le guide s'exprime d'un ton assez solennel. J'ai l'impression qu'il parle comme s'il était dans une église. De fait, on l'écoute religieusement. Notre groupe entre dans la grande salle qui sépare les deux chambres (les communes et le Sénat), annonce-t-il. Les membres de l'un ne peuvent en principe se rendre dans l'autre. Le Premier ministre se rend aux communes tandis que la reine du Canada, qui est aussi la reine d'Angleterre, possède un siège au Sénat. Bon, rien de très captivant…

Notre groupe avance… Le guide adopte un autre ton, comme pour nous annoncer le « clou » de la visite. Nous allons entrer dans la bibliothèque du Parlement, prévient-il, une pièce heureusement restée intacte malgré le terrible incendie du bâtiment en 1916. Le voilà bateleur, qui nous fait l'article : « Elle contient plus d'un million de documents ; 600 000 livres, dont certains sont gardés comme des trésors nationaux. Cette bibliothèque contient d'ailleurs l'un des livres les plus chers du monde : plus de 14 millions de dollars ! C'est un livre sur… les oiseaux. Pas de photos s'il vous plaît. »

Nous a-t-il conditionnés ? Un changement d'ambiance se produit dans le groupe. Jusqu'à présent, il y en avait toujours un ou deux qui bavardaient avec leur voisin, comme des élèves turbulents… Mais à peine sommes-nous entrés dans cette bibliothèque que le silence se fait parmi nous. Respect-Observation-Admiration. On n'est plus dans la nef de l'église, mais dans la chapelle, dans le saint des saints de ce lieu. Lydie, d'ailleurs, me parle tout bas : « C'est une grande pièce ronde très ouvragée, décorée de boiseries. Le long des murs, il y a deux étages de livres et des statues de la reine Victoria. Au-dessus de ces boiseries, de grandes fenêtres blanches laissent passer la lumière. C'est vraiment magnifique. » L'endroit prête à l'intimité et à l'étude, c'est certain. Je m'y sens bien. Mais a-t-il encore cette fonction aujourd'hui ? Ou bien la bibliothèque n'a-t-elle plus qu'une valeur historique et décorative pour les touristes en mal de découverte ? Moi, je sens aussi mes pieds sur la moquette, qui me semble bien épaisse et moelleuse… Idée saugrenue de m'y allonger dans un coin discret, avec un bon bouquin dans les oreilles, puis de rester là tout un moment respirer cette odeur de vieux bois. Sans doute un garde aurait-il vite fait de me déloger !

Le guide nous entraîne déjà vers la sortie pour aller au Sénat. Impossible de faire un tour à la Chambre des communes, en pleine séance de travail. On entre donc chez les sénateurs, où il n'y a personne. « Vous pouvez voir sur les murs de cette salle les portraits des rois et reines du Canada, nous explique-t-il. Regardez bien le tableau qui se trouve dans la deuxième rangée, troisième colonne [d'accord, d'accord...]. C'est celui de George III, qui était roi d'Angleterre au moment où ses hommes ont envahi la Nouvelle-France. » Le guide se lance dans l'histoire du Canada : quand le pays est passé sous la tutelle britannique puis est devenu un État indépendant tout en restant sous l'influence de Londres... Oh là là, je commence à m'assoupir, adossé à un pilier. Mais j'entends tout à coup : « Au moment où les Anglais ont déporté les populations qui ne prêtaient pas allégeance à la reine... » Quoi ? Il a bien dit « déporté » ? On emploie donc dans ce pays le mot « déportation » ? Je découvre qu'on l'utilise dans un autre contexte que celui des déportations de populations organisées par Hitler ou Staline. C'est comme si le guide m'avait pincé très fort le bras pour que je l'écoute. J'ai tout de suite envie de lui poser une question, puisqu'il nous a déjà parlé de ses origines québécoises. Je suis curieux de savoir ce qu'il s'est alors passé pour sa famille.

« Mes aïeux sont venus du Québec et se sont installés au Nouveau-Brunswick après le "Grand Dérangement", dont la phase la plus aiguë a été l'expulsion des Acadiens, des Français catholiques, par les Anglais protestants. Donc, mes ancêtres ont dû faire allégeance à la Couronne britannique. » Tiens, tiens... Sa voix est restée un instant suspendue en l'air, une fraction de seconde, comme s'il avait dû reprendre sa respiration, à l'évocation d'une période douloureuse pour sa famille. J'en suis certain : j'ai bien perçu une légère brisure dans le flot régulier de ses mots. Et, comme si de rien n'était, il a repris son discours officiel et bien rodé de guide pour touristes. Du coup, cette expression de « Grand Dérangement » suscite ma curiosité. Elle dissimule, sous une apparente neutralité, les souffrances d'un peuple. Il va falloir que j'en sache un peu plus…

La visite se termine. On monte à la tour du Parlement, de laquelle on a une très belle vue sur les environs, paraît-il. Chacun y va de son petit commentaire sur le paysage tandis que j'attends que ça se passe… Puis le guide conseille de regarder les énormes cloches au-dessus de nos têtes. On se met donc à lever les yeux, moi y compris. C'est idiot, mais j'ai réagi de manière réflexe. Quand on est dans un groupe, on a tendance à faire n'importe quoi…

Le lendemain, nous prenons la voiture pour faire une escapade dans le parc de la Gatineau, situé à quelques kilomètres d'Ottawa. C'est un immense domaine, aux multiples lacs, et doté de nombreux chemins forestiers. Ce matin, le soleil reste encore timide. Mais ce devrait être une belle journée, pas trop chaude, idéale pour se promener dans les bois. Nous projetons de nous balader dans l'un des plus beaux sites de ce parc, paraît-il, autour du lac Pink, qui n'est pas rose (comme son nom le laisserait penser) mais bien vert. Peu à peu, nous nous enfonçons dans la verdure et je me sens aussitôt « pris » par la quiétude du lieu. Lydie marche juste un peu en avant et je me cale sur le rythme de ses pas, lui prenant tantôt le bras, tantôt la main ou l'épaule. Nous nous engageons sur un escalier en bois qui mène à une plate-forme en surplomb de l'eau. « C'est un petit lac entouré de collines et d'arbres tout proches de l'eau. Ici et là, on aperçoit des rochers bordant le rivage. L'eau est très très verte. C'est vraiment joli », me dit-elle. Je me représente très bien la vue, mais cela ne me fait aucun effet. Pas plus, d'ailleurs, que ce que Lydie lit dans son guide : « Lac unique en son genre… Sa couleur verdâtre est un phénomène très récent… Il est plus bleu au printemps et plus vert en été… Les eaux de surface ne se mélangent pas avec les eaux du fond comme elles le feraient dans tout autre lac. C'est un lac dit "méromictique". »

On se remet en route. Puis on grimpe un escalier qui n'en finit pas. Nous progressons en rythme et le son de nos pas coordonnés, résonnant sur le bois des marches, est plutôt harmonieux. Lydie m'informe que le lac reste sur notre droite. On monte, on descend, et on remonte… Nous enfilons ainsi une succession d'escaliers et de chemins, ma foi fort bien aménagés. On débouche sur une zone plus humide, presque marécageuse. Ah ! Je perçois un clapotis qui se rapproche de nous. Il est enfin là !

Lac mystérieux, je vais quand même te rencontrer, peut-être même te toucher pour éprouver le contact physique de ta présence. Je me baisse pour mettre la main dans ton eau si discrète. Tu n'es pas si froid que ça et tu me rafraîchis le cœur. Tiens, le vent se lève un peu. Bruit de vaguelettes qui viennent frapper contre un rocher. Odeur d'humidité qui se mélange à celle de la verdure. C'est délicieux. Il me revient le souvenir de *Walden Pond*, ce petit lac de la région de Cambridge, où nous avions séjourné dans ma période Harvard. Sauf que ces environs du lac Pink sont plus escarpés et plus touffus.

On s'enfonce à présent dans la végétation qui, je le ressens, m'enveloppe de toutes parts. Lydie aperçoit un écureuil traversant le chemin, juste devant nous ; pas vraiment farouche. Il doit être habitué à la compagnie des humains... Plus loin, elle découvre un panneau bien en évidence qui avertit le promeneur : « Attention, *poison ivy*, herbe à puces. » Mieux vaut donc ne pas s'aventurer dans les sous-bois. La végétation est ici plus dense : je cherche à en discerner les odeurs. Mais dois-je en parler au pluriel ? Je sens de la verdure, voilà tout ; impossible d'aller plus loin, de poser des mots précis pour la décrire. J'imagine que nous sommes entourés de pins, de chênes, d'érables, de plusieurs sortes de buissons ? Sans doute n'ai-je pas l'odorat assez éduqué, assez entraîné, moi qui viens de la ville, pour différencier leurs parfums singuliers. Cette fraîche odeur de forêt, je ne sais donc pas la décrire. Pourtant, elle me ravit et m'apaise. Je la hume, je l'embrasse, je me fonds dans son effluve qui se mélange si bien avec le chant des oiseaux. Heureusement qu'ils sont là, bien présents à mes oreilles, me dis-je à moi-même. Qu'un monde sans l'exubérance et la gaieté des oiseaux serait donc déprimant, pour tout dire, sinistre. Ce serait la mort sur terre! Chaque fois que je vais en forêt, je sais au moins que je vais y retrouver les oiseaux. Ils enchantent mes pas et je leur en serai toujours reconnaissant. Nous continuons à nous promener dans les environs et à découvrir d'autres lacs. On se perd même un peu sur les routes de ce parc aux mille recoins. Mais c'est bien le souvenir du lac Pink qui s'ancre le plus vivement dans ma mémoire.

Le lendemain, dernier jour avant le départ de Lydie, nous avons l'intention de visiter le musée d'Histoire du Canada, dont le nom m'intrigue d'autant plus qu'il s'appelait, il y a encore peu, le « Musée canadien des civilisations ». Aurait-on donc réussi dans ce pays à s'entendre sur une histoire « officielle » du Canada? Je garde à l'esprit les vives controverses suscitées par le projet d'un musée de l'Histoire de France. Lancé par le président Sarkozy en 2008, il n'a pas abouti et il est même quasiment enterré, tant sont importantes les divergences sur ce qui devrait être mis en avant dans un tel musée...

Nous pénétrons dans une immense salle, dans laquelle je me sens aussitôt perdu. C'est ce qu'on appelle la « grande galerie ». À l'entrée, j'ai demandé un audioguide mais il n'y en a pas. L'hôtesse m'a proposé de charger une application en anglais sur un smartphone. Pourquoi pas une version française ? Pas de réponse… De toute façon, je n'ai pas encore reçu mon « téléphone intelligent ». Lydie commence à me décrire le lieu : elle est d'abord frappée par une gigantesque photo de forêt, qui serait la plus grande photographie en couleurs au monde. Elle voit des maisons en bois, de hauts totems, un long bateau qui ressemble à une pirogue. Envie de le toucher, mais impossible : tout semble ici être sous vitre – autant dire que, pour moi, tout est sous vide. On est dans la salle dite des « premiers peuples ». Quelque part, une vidéo tourne en boucle : un représentant des « premières nations » explique en anglais que, pour son peuple, l'idée même de vendre la terre était inconcevable ; les habitants en avaient une représentation quasi cosmique, une et indivisible. Intéressant et tragique, quand on pense à ce qui leur est arrivé ! Il y a du bruit partout, des enfants qui courent et qui crient. Impression d'être dans un hall de gare. Pas envie de s'arrêter et de lire les panneaux. Ce serait trop fastidieux. Alors on passe vite…

Nous arrivons dans une salle consacrée à l'Acadie : fondée en 1604, c'est le premier établissement européen permanent de la Nouvelle-France. Me reviennent en mémoire les propos de notre guide du Parlement au sujet de ses aïeux. Pas de doute : on emploie bien le mot « déportation » dans ce musée. Lydie découvre un panneau qui en parle : « En 1755, suite à de nombreuses batailles contre les Français, les militaires britanniques décident de déporter tous les Acadiens qui refusent de prêter serment d'allégeance à l'Angleterre [nous y voilà...]. Cette année-là, environ 7 000 Acadiens sont expulsés vers les colonies britanniques et l'Europe. Leurs terres et leurs biens sont saisis et de nombreuses familles sont séparées. Jusqu'en 1763, on estime à 10 000 le nombre d'Acadiens déportés sur une population de 12 000. Certains s'enracinent ailleurs, d'autres tentent de revenir. Beaucoup meurent dans la misère. » Les chiffres restent modestes en comparaison des masses de population déportées en Europe au XXe siècle. Mais en proportion du nombre estimé des Acadiens, plus de 80 % ont été expulsés par les Anglais. Ces derniers n'ont pas fait les choses à moitié...

Puis les salles s'enchaînent : l'une reproduit l'auberge de Louise Bourgue, au XVIIIe siècle, l'autre est consacrée au commerce de la fourrure développé par les colons, la suivante à la période de la « rébellion à la Confédération », qui mènera à la proclamation de l'indépendance du Canada (1867), on plonge ensuite dans les temps modernes (chantiers naval ou ferroviaire, avancées des émigrants vers l'ouest du pays, construction de l'aéroport de Vancouver)...

Je suis frappé par les changements d'atmosphère d'une salle à l'autre, par la minutie et le réalisme des reconstitutions, l'art de rendre vivants les lieux de vie et de travail du passé.

Il n'est pas rare non plus que des objets soient proposés au toucher (œufs en plastique, fourrures d'animaux divers, du castor au bison), ou que l'oreille soit sollicitée (par exemple par un magnifique chant orthodoxe, qui nous plonge dans l'ambiance d'une église de rite byzantin, les migrants ayant apporté leur religion avec eux...). Ces Canadiens sont vraiment doués pour plonger le visiteur dans une époque.

Une question me vient toutefois à l'esprit une fois que nous sommes sortis du musée. On vient de nous expliquer l'histoire du Canada à travers les progrès de la civilisation occidentale, la pénétration de la culture et des outils apportés par les émigrants, le développement du commerce et de l'exploitation des richesses, la croissance des moyens de communication, etc. Mais quelle place est-il resté pour les « peuples premiers » ? Leur existence est certes mentionnée au début de la visite, notamment *via* les totems géants de la « grande galerie ». Mais par la suite, c'est comme si les *natives* avaient disparu de l'Histoire. On n'en parle plus du tout. Aurait-on raté une autre section qui leur est encore consacrée ? De salle en salle, l'itinéraire du visiteur semble suivre celui du « progrès », telle une marche inéluctable vers la « modernité ». Alors, où sont donc passés les peuples d'antan ? Que sont-ils devenus ?

16

Nager, tout simplement

Hier soir, Lydie est partie et je me retrouve à nouveau seul. Cela fait un mois jour pour jour que je suis à Montréal. Aujourd'hui dimanche, il fait un temps magnifique. Je n'ai rien de prévu : pas d'amis à voir, pas de visites particulières, pas de causette à faire avec mon voisin Georges, qui n'est plus là non plus. Mais je ne veux pas rester enfermé dans mon studio. J'ai envie de profiter de cette belle journée en me trouvant une activité. Pourquoi pas la piscine ?

À Paris, Lydie et moi avons pour habitude de nous y rendre une fois par semaine. Nous avons la chance de pouvoir bénéficier d'une piscine olympique, proche de notre domicile. Chacun dans sa ligne d'eau fait son kilomètre hebdomadaire. Cela fait un bien fou. Quand on est un « intello », que l'on reste des heures devant son ordinateur, ce type d'activité physique est indispensable. Ça lave le cerveau !

Dois-je me signaler comme non-voyant au milieu des nageurs ? À l'époque où je faisais du ski, j'ai porté un dossard spécial, prévenant les autres skieurs de ma cécité. Vous ne passez plus inaperçu sur les pistes, c'est plutôt utile pour éviter un accident... Toutefois, cet « étiquetage » public m'a toujours mis mal à l'aise. Faudrait-il avoir quelque chose de semblable à la piscine, un bonnet avec écrit en gros : « aveugle » ? Jamais ! Il arrive que je bouscule un autre nageur, qui manifeste parfois son mécontentement. Aussitôt, ma réponse, « Désolé, je n'y vois pas », a pour effet de le calmer. J'ai en outre mis au point une technique rudimentaire pour aller droit : avec le bord de la main, je frôle la ligne d'eau de manière à conserver ma direction. C'est le seul moyen de ne pas zigzaguer sans repères. Je dois encore faire attention au mur du bassin. Comme je me refuse à compter mes mouvements, encombrement inutile de l'esprit, je m'y suis parfois heurté le crâne. Pas très agréable ! Pour parer à ce désagrément, je ralentis ma course afin de négocier le virage en douceur. Avec l'expérience, on parvient à anticiper cet instant du tournant. Ainsi, j'arrive à peu près à nager le crawl.

Je me mets donc en quête d'une piscine ouverte ce dimanche à Montréal. J'avais déjà demandé à Georges de m'en indiquer une dans le quartier, mais il n'avait pas su : lui, c'était le vélo, pas la natation. Je me décide donc à faire une recherche sur Internet. La première réponse me fait sourire : on me renvoie vers... des « pataugeoires » – pour les enfants, je suppose. On me propose aussi des « bains publics ». Ce n'est pas tout à fait ça… Je tombe encore sur des séances de gymnastique aquatique. Ce n'est pas ça non plus ! Je veux tout simplement nager dans l'eau, faire mes longueurs, quoi ! J'ai peine à me repérer dans la diversité des informations qui arrivent sur l'écran de mon ordinateur. Je trouve enfin les numéros de téléphone de quelques piscines, pas trop éloignées de mon domicile. Je téléphone pour savoir si l'on veut bien me recevoir, juste pour nager. Premier appel : pas de réponse. Second appel : un monsieur m'apprend que la piscine est certes ouverte aujourd'hui, mais pour les enfants. Et pour les adultes ? C'est en semaine de 15 à 16 heures seulement ! Alors comment fait-on quand on travaille ? Troisième appel : un répondeur m'informe que les adultes y sont admis pour nager, y compris le dimanche, entre 15 h 30 et 17 heures. Ai-je bien entendu ? Je refais le numéro pour en avoir le cœur net. Pas de doute. Alors je dois me rendre à la piscine du Père-Marquette : il faut prendre le métro jusqu'à Beaubien puis le bus 18. Pas le choix.

Tac tac tac tac… À la sortie de la station de métro, une mauvaise surprise m'attend. Le service du bus 18 est interrompu. Un employé m'apprend que c'est aujourd'hui le « Tour de l'Île », un rendez-vous annuel des cyclistes à Montréal. Des kilomètres de rues et d'avenues sont interdits à la circulation automobile pour laisser la ville aux joies de la « petite reine ». Événement fort sympathique mais qui ne m'arrange pas du tout. Je n'ai aucune idée de la direction à prendre pour aller vers la piscine et je dois avoir l'air perdu… Un jeune homme m'aborde et me propose son aide. Le bus 18 ? Un panneau annonce que les voyageurs doivent se rendre au prochain arrêt. Ce n'est pas très loin et il veut bien m'accompagner. Super ! On marche d'un bon pas. En chemin, je comprends qu'il est avec un ami. Ils sont tous deux étudiants à l'université de Montréal, ce qui fait un début de conversation entre nous. Arrivés à l'arrêt du bus, les deux étudiants constatent que ce quartier est aussi bloqué à la circulation. Il faut encore aller plus loin, au prochain arrêt. Je suis embarrassé pour moi et pour eux. Veulent-ils continuer à m'accompagner ? Je leur laisse le choix. Apparemment, c'est très simple : il n'y a qu'à aller tout droit et je devrais pouvoir me débrouiller. Mais ils ne veulent pas m'abandonner ici. On se remet donc en route. Je remarque qu'ils marchent un peu plus vite. Sans doute sont-ils pressés. On continue à se parler en chemin, mais un peu moins. Il fait chaud et je commence à transpirer… Voici le second arrêt et toujours pas de bus. En fait, cette ligne est totalement interrompue jusqu'à 17 heures. Moment de flottement entre nous. Cela doit faire déjà quinze minutes qu'on a quitté Beaubien. Mes deux étudiants se concertent et ne veulent toujours pas me laisser là. C'est décidé, ils vont m'accompagner jusqu'à l'entrée de la piscine. De toute façon, elle n'est plus très loin. Nous nous remettons en route et accélérons encore le pas. Maintenant, c'est comme si on faisait équipe pour aller droit au but. On ne se parle pas, chacun se concentre sur son effort... Il y a bien longtemps que je n'ai pas marché aussi vite. Ça me plaît, du moment que j'arrive à les suivre. Je suis touché par leur disponibilité et m'amuse intérieurement de la situation. Nous arrivons enfin devant la piscine. Incroyable : il est 15 h 25. Bravo les gars : sans le savoir, vous m'avez permis d'être dans les temps ! Je les remercie abondamment.

À l'accueil, un jeune homme me demande si je suis déjà venu ici : non, pas du tout. Silence : il doit me considérer et réfléchir à la situation, ayant certainement remarqué mon arme blanche. Vient la question rituelle : « Avez-vous besoin d'aide ? » Peut-être pourrait-il en effet me conduire aux vestiaires ? Pas de problème : il est disponible, d'autant que je suis seul à me présenter pour nager. Combien coûte l'entrée ? C'est gratuit ! Je me permets de lui prendre le bras et je constate qu'il est bien plus haut que la moyenne des bras auxquels il m'arrive de m'accrocher. Ce jeune homme doit être très très grand. Lui aussi marche vite : il est sans doute pressé de revenir à son poste. Nous montons un escalier, en dévalons un autre et entrons déjà dans une salle commune. J'entends d'autres voix masculines. Mais d'où viennent tous ces messieurs ? Ont-ils terminé une activité particulière ? Mystère... Le jeune homme me déclare : « C'est là. » Je ne comprends pas où nous sommes. Je l'interroge :

« C'est là quoi ?

– C'est la salle de déshabillage. »

Ah bon ? Il perçoit ma gêne, d'autant qu'il reste à côté de moi. « Si vous préférez, on a des cabines ». J'hésite... Oui, je préfère en effet.

Le jeune homme me guide vers l'une d'entre elles et j'en ressors avec mon beau maillot bleu de nageur parisien. Il me conduit ensuite vers le bassin et me confie au maître-nageur, qui m'annonce que j'ai le choix entre trois lignes d'eau : les faibles, les moyens et les forts. Très simple. Je vais chez les moyens, car je ne brille pas par ma vitesse.

Ah ! Quel bonheur de se retrouver dans l'eau tandis qu'il fait vraiment chaud dehors ! Mais pourquoi n'y a-t-il donc presque personne ? Je ne comprends pas. Bonheur aussi d'avoir réussi à identifier ce lieu et d'être parvenu à m'y rendre. Je ne vais pas bouder mon plaisir et vais rester nager jusqu'à 17 heures. Enfin presque, car dix minutes avant, on me demande déjà de sortir. Retour dans la salle de déshabillage-rhabillage. Le maître-nageur, qui m'a accompagné, est juste à côté de moi. Au diable la pudeur, cette fois-ci : je me lâche et ne lui demande pas de cabine. Soudain, une musique très forte et entraînante résonne dans la salle. Elle provient du bassin.

« Ce sont les filles qui commencent la danse aquatique, me dit-il. Je vous quitte pour aller voir ça. C'est très beau ! » Et de me planter là. Bon, je crois savoir comment retrouver la sortie. Il est 17 heures passées et le bus 18 va avoir repris son service.

Le lendemain, je suis heureux de revenir à la fac. Je croise Jocelyne dans le couloir, qui me demande comment s'est passé mon bref séjour à Ottawa. Bien, bien, mais je dois vite rejoindre mes étudiants qui m'attendent pour notre nouvelle séance. Le cours a trouvé son rythme de croisière, il me semble. Je salue ceux qui sont déjà devant la porte et, comme d'habitude, je fais le code puis vais m'asseoir sur la droite. Chacun prend sa place autour de la grande table : bruits de sacs, de chaises, d'ordinateurs qui se mettent en route. Et c'est parti…

Après le point d'actualité, un étudiant présente les textes en lecture pour la séance. Chacun y va ensuite de son commentaire. Certains sont précis et intéressants. D'autres superficiels. La discussion a parfois du mal à démarrer. Après tout, il est juste un peu plus de 9 heures du matin et quelques-uns ne sont peut-être pas encore bien réveillés… Et puis, tout le monde finit par s'y mettre. Les trois heures passent vite.

Quand on est lancé dans une discussion, j'ai le sentiment qu'ils « oublient » que je n'y vois pas. L'essentiel passe par l'oral, à travers la valeur des arguments échangés. Je n'ai plus de problème à identifier les étudiants. Je fais l'association entre leur prénom et le timbre propre de leur voix. Leur résonance particulière est pour moi comme la photo d'identité collée sur la fiche de leur dossier. Quand l'un d'entre eux prend la parole, une vibration singulière s'allume dans ma tête. C'est comme un fin filet de lumière qui éclaire en un instant mon désert de gris. La lueur s'éteint aussitôt que l'étudiant se tait. Mais dès qu'un autre prend la parole, la petite lumière revient alors sur l'écran radar de mon cerveau.

Nos débats sont parfois très animés. Je ne veux pas les clore par la parole du prof qui veut tout expliquer et avoir le dernier mot. En revanche, il m'arrive de demander à tel ou tel d'expliciter sa pensée, quand elle me semble confuse. J'ai ainsi le sentiment d'être à la fois en retrait et très présent. En retrait pour les laisser discuter entre eux et interagir à partir des textes que je leur ai donnés à lire. Très présent pour les « recadrer » si nécessaire et leur apporter clarifications, dates ou références ; en somme, enseigner sans être interventionniste et bien plutôt accompagnateur, facilitateur, prolongateur de nos échanges. Je me sens à l'aise dans ce rôle.

Pour notre dernière séance (c'est bientôt…), je lance l'idée d'organiser un débat contradictoire sur le thème : peut-on prévenir un génocide ? On divisera la classe en deux groupes, tirés au sort. Une équipe défendra le point de vue que oui, c'est possible, et l'autre que non. Ils sont excités par ce projet et vont s'y préparer. Moi aussi : je n'ai jamais tenté cette expérience et je suis curieux de savoir comment ça va se passer.

Dans l'après-midi, je me rends à la bibliothèque nationale du Québec au métro Berri-UQAM. J'ai appris que je peux m'y procurer des livres enregistrés et souhaite donc m'y inscrire. J'ai fini *Canada* sans enthousiasme. Que pourrais-je lire maintenant ? Voici quelques jours, j'ai entendu à la télévision Éric-Emmanuel Schmitt parler de son livre *La Part de l'autre*, roman basé sur l'histoire parallèle de « deux » Hitler : l'un imaginaire, qui réussit le concours de l'École des beaux-arts de Vienne, l'autre – le vrai – qui le rate et devient ce qu'on sait. Cette idée est fascinante : je suis curieux de découvrir comment cet auteur a mis en scène Hitler et son double.

J'espère que je vais pouvoir l'emprunter.

J'arrive sans difficulté à ce que l'on nomme « Bibliothèque et archives nationales du Québec » (BAnQ), plus familièrement la « Grande Bibliothèque ». Le lieu me paraît spacieux et agréable. On me dirige vers le service des livres enregistrés, dont le nom complet est le « Service québécois du livre adapté » (SQLA). J'ai quelque difficulté à assimiler ces sigles. Je dis au monsieur qui me reçoit : « En somme je demande à bénéficier du SQLA de la BAnQ ! – C'est cela ! » me répond-il en riant. Pas de problème pour mon inscription, compte tenu de mon état et du fait que je suis résident au Québec. Pour la première fois, on me permet dans ce pays de bénéficier d'un service dédié aux non-voyants. Vont-ils avoir le livre que je cherche ? Oui, il a bien été enregistré. Super ! Une jeune femme m'aide ensuite à trouver le CD dans les rayonnages. Ce livre est bien disponible. Une fois que je l'aurais écouté, je n'aurais plus qu'à le renvoyer par la poste. Elle m'informe qu'il devrait être aussi accessible en téléchargement. C'est un service qui prend de plus en plus d'importance, me dit-elle. La France connaît la même évolution, avec entre autres le développement de la Bibliothèque numérique francophone (BNFA).

En rentrant à mon studio, je bute sur un paquet déposé devant ma porte. Comment est-il arrivé là ? Il est un peu gros, et il est vrai qu'il ne peut rentrer dans la boîte aux lettres. Le facteur a dû le laisser à l'entrée et quelqu'un de bienveillant me l'a déposé devant la porte. Sans doute l'étudiante du premier ? Mais est-ce bien pour moi ? Je suppose que oui, sinon la personne ne l'aurait pas mis ainsi en évidence à mes pieds. J'ai hâte de l'ouvrir. À l'instant même où je commence à m'acharner pour en couper l'emballage, j'en devine le contenu : c'est mon téléphone ! Aussitôt, je vérifie avec fébrilité s'il se met bien en marche. Apparemment, oui : enfin, il est débloqué ! Ultime vérification : j'utilise le téléphone fixe de l'appartement pour appeler le numéro de ce portable que la société Tellus m'a attribué voici déjà un mois : il sonne ! Ce soir, je me sens un peu plus Montréalais.

17

Seul sur le quai

Voici plus d'une semaine que je n'ai pas pris de notes. Que se passe-t-il donc ? Aurais-je une panne d'écriture ? J'ai de moins en moins d'observations à faire quant à mon adaptation quotidienne. La cause de ce changement est très simple : je me sens de plus en plus à l'aise dans Montréal. Il est vrai que je suis entré dans une certaine routine : le métro, la fac, les petites courses dans mon quartier. Je me sens aussi plus « léger », plus mobile dans mes déplacements depuis que j'emporte avec moi ce téléphone portable tant attendu. Dès le lendemain de sa réception, j'ai testé son GPS piéton pour aller à l'université en y inscrivant mon adresse de destination : 3150, rue Jean-Brillant. À peine sorti du métro, un étudiant m'a proposé son aide. Je n'étais pas en difficulté, mais pourquoi refuser sa compagnie ? Devais-je lui répondre : merci, mais je préfère me laisser guider par mon GPS ? Ridicule ! On a échangé quelques mots sur le chemin et il m'a quitté devant l'entrée du bâtiment. Mon téléphone intelligent ne m'a donc pas été utile. Il servira bien une autre fois. Avant de rejoindre mon bureau, je suis passé saluer Jocelyne et lui montrer la chose avec satisfaction : « Ça y est ! Je l'ai enfin ! » Elle en était contente pour moi et n'a pas manqué d'ajouter : « S'il t'arrive quelque chose dans la rue, tu pourras toujours appeler le numéro d'urgence. » Personne ne m'en avait parlé, et c'est bien de le savoir.

Maintenant que je dépense moins d'énergie à mon adaptation, je remarque que je porte davantage attention aux mots, au langage, à ces expressions québécoises qui font sourire le Français de France. J'aimerais faire des progrès en québécois, et je regrette encore le départ de mon voisin Georges qui aurait pu être mon meilleur professeur. Dans mon quartier, j'ai appris qu'il allait y avoir une soirée de contes en vieux québécois au café-restaurant Le Gainzbar, devant lequel je passe chaque fois que je vais à l'épicerie. Je m'y suis rendu, mais j'ai vite déchanté. Les deux conteuses parlaient certes dans un style très poétique, qui m'a plu. Elles racontaient une histoire de prince charmant, j'en suis à peu près certain. Mais quant à déchiffrer le sens de leur récit, et les expressions québécoises qui l'émaillaient, faisant rire le maigre public venu les écouter, j'en ai été à peu près incapable.

Cette impression d'être plus à l'aise est aussi trompeuse, et c'est justement quand on baisse la garde que l'on risque le plus un accident. Juste en sortant de chez moi, il y a deux jours, j'ai malgré moi embrassé un peu trop fort un poteau. Aïe ! Je me suis aussitôt reproché de ne pas avoir été assez vigilant. C'était ma faute. J'aurais dû « ouvrir » davantage ma canne en la balayant très large devant moi, ce qui donne plus de chances de détecter les obstacles. Heureusement, cette rencontre inopportune a été sans gravité : mon chapeau a amorti le choc.

Une passante m'a demandé si tout allait bien. Oui, pas de problème, merci. Elle devait marcher sur le trottoir juste derrière moi. On a ensuite avancé ensemble vers le métro. Elle se rendait à son travail au Jardin botanique, un magnifique espace de verdure et de découverte, m'a-t-on dit. Elle me conseille de m'y rendre un jour, « rien que pour les odeurs ». Elle travaille à l'Insectarium. Quel drôle de nom, me dis-je en moi-même. On peut y admirer toutes sortes d'insectes, en particulier de très beaux papillons. Cela plaît beaucoup aux enfants, m'explique-t-elle. Sa voix est pleine d'énergie et d'enthousiasme… Bien sûr, la vision est très sollicitée là-bas, en revanche, réfléchit-elle, il y a un coin du Jardin botanique qu'elle me recommande de visiter, spécialement conçu pour des gens comme moi : c'est la Cour des sens. C'est un endroit où l'on peut sentir, toucher et même manger différentes plantes. Vraiment ? C'est très original ! Au moment de se quitter sur le quai, elle se fait insistante : il faut ABSOLUMENT que vous y alliez. Me voilà curieux et convaincu.

En attendant, je vais aujourd'hui au Centre de l'Holocauste. Je dois y rencontrer Sandra, auprès de qui j'ai été recommandé par des amis juifs. Le Centre se situe au métro Côte-Sainte-Catherine. On doit prendre la ligne orange, la plus longue de Montréal, puis marcher un bon moment. Sandra est au courant de mon problème de vue, et elle a tenu à venir m'attendre à la sortie de la station.

Sitôt descendu de la rame, j'ai l'impression de me retrouver seul sur le quai. J'ai beau tendre l'oreille : je ne perçois aucun bruit. Dans quelle direction avancer pour aller vers la sortie ? Personne à qui demander. À Paris, quand je me retrouve le soir sur un quai de métro quasi désert, je finis toujours par percevoir des bruits de voix ou de pas qui indiquent d'où viennent les voyageurs, ce qui me renseigne sur la direction à prendre. Mais ici, en ce milieu de matinée, je n'entends rien que le silence. Un silence qui dure et qui m'inquiète. Que faire ? Garder son calme et avancer, par exemple à droite : j'ai une chance sur deux que ce soit la bonne direction. Et marcher prudemment pour ne pas me retrouver au bord du quai. Voici des années, je suis tombé sur les rails d'un métro parisien au moment même où une rame entrait dans la station. J'ai cru ma dernière heure arrivée. Alors que la rame fonçait sur moi, j'ai eu le réflexe de me redresser *in extremis* d'un coup de reins et de me coucher à plat ventre sur le quai. Mon pied droit est resté coincé à la hauteur du premier wagon et me faisait très mal.

J'aurais pu le perdre, mais j'ai eu beaucoup de chance. Les secours sont vite arrivés et, à l'hôpital, on a constaté que la blessure au pied était relativement superficielle : je n'ai gardé aucune séquelle physique de cet accident. À cette époque, il est vrai que je n'avais pas encore adopté la canne : c'était dans une autre vie. Le souvenir de cette chute me revient tout de suite en mémoire. Alors je progresse en tâtant le sol avec prudence. Et, pour repérer la sortie, une seule solution : le vent.

Je dois rechercher un brin d'air frais qui pénètre sur ce quai. Ce sera l'indice que ce courant d'air, fût-il très mince, provient d'un corridor qui mène vers l'extérieur. J'avance avec lenteur, la peau en alerte. Pas d'obstacles : j'ai dû prendre la bonne direction. Un ami spéléologue m'a dit un jour que, quand on perçoit sous la terre un peu d'air, c'est le signe qu'on s'approche de la surface. Moi aussi, je suis sous terre et je progresse dans un tunnel. Un métro arrive sur la voie d'en face : il fait un bruit épouvantable. Je ne sais pourquoi, j'arrête ma progression puis, une fois que la rame est partie, je me remets à marcher. Soudain, je commence à me détendre : un mince filet d'air vient de me passer sur le visage. Je sens une odeur un peu âcre. J'y suis ! *Tac tac tac*... Je tâte les marches d'un escalier sur ma gauche. Ouf ! C'est gagné !

À la sortie, Sandra vient à ma rencontre. Le temps est médiocre ce matin, et il menace de pleuvoir. Je ne lui dis rien de ce qui vient de m'arriver. Je veux passer à autre chose : l'essentiel est notre rencontre. À peine s'est-on salué qu'elle me questionne : que voyez-vous exactement ? Percevez-vous que je porte un bonnet ? Pouvez-vous me dire la couleur du ciel ? Je ne m'attendais pas à ce questionnement en rafale, et suis gêné d'avoir à répondre à ce que je ressens comme un interrogatoire. On vient juste de se dire « bonjour » pour la première fois... Mais il arrive que des personnes soient ainsi très directes : c'est surtout pour se rendre compte au plus vite de ce que vous percevez ou non. Le plus souvent, elles n'ont jamais fréquenté un non-voyant de près. Satisfaire tout de suite sa curiosité m'est désagréable. Je n'ai rien envie de lui dire ; j'ai conscience néanmoins que ce serait une erreur. Alors je prends ma respiration, et réponds au minimum à son besoin de savoir. C'est le seul moyen pour que nous puissions ensuite passer à autre chose, entamer une « vraie » conversation.

Après quelques minutes de marche, nous entrons dans le Centre. Sandra me propose de prendre un thé dans la première salle, où je devine qu'on a installé une petite cafétéria. Elle est très attachée à ce lieu, me dit-elle. Elle y a créé un institut francophone d'études et de pensée juives, indépendant de toute congrégation. Si la réflexion autour des textes de la tradition juive est au cœur de ses activités, l'histoire, la sociologie, la littérature, le théâtre ou l'art y sont aussi présents. D'origine sépharade, Sandra a vécu en

France et en Israël, puis elle s'est installée au Canada. L'avenir de son institut est aujourd'hui menacé pour des questions d'argent. Je la sens très préoccupée à ce propos et comprends que son destin personnel est lié à celui de cet institut. Plus elle me parle d'elle et de ses activités, et plus je découvre une personne très intelligente, érudite et volontaire.

Elle me conduit tout de suite à l'endroit qu'elle préfère : la bibliothèque. Située dans le sous-sol du bâtiment, elle ne me paraît pas très grande. J'aime spontanément le calme de ce lieu dédié à l'étude. Quel contraste avec l'agitation de l'extérieur ! J'y sens tout de suite les livres. Je ne l'avais encore jamais remarqué à ce point : leur odeur de papier m'apaise. Je me souviens avoir eu la même impression en entrant dans la bibliothèque du Parlement. Sandra me montre un système très ingénieux de rangement des ouvrages. Faute de place, les étagères sont serrées les unes contre les autres. Il est impossible d'attraper un livre en particulier. Pour se faire, on tourne une manivelle en bois qui déclenche l'écartement des étagères ; et l'on peut alors accéder au livre recherché.

Puis Sandra consulte un ordinateur pour vérifier si mes ouvrages sont disponibles ici. Elle s'esclaffe : « Nous en avons au moins un, votre dernier, *Persécutions et entraides dans la France occupée.* » J'en suis ravi. Elle m'adresse aussitôt une nouvelle série de questions : « Comment travaillez-vous ? Ce livre est très gros… Comment avez-vous fait ? Comment pouvez-vous lire ? Est-ce que vous pourriez travailler ici ? » Je m'apprête à lui répondre, mais elle m'interrompt. Elle veut tout de suite interroger la bibliothécaire, une jeune femme qui nous a salués quand nous sommes entrés. En me parlant tout bas, elle ajoute : « Surtout, ne lui dites rien. On verra comment elle va réagir. »

La bibliothécaire est embarrassée. C'est la première fois qu'on lui pose cette question. Ils ont bien quelques livres enregistrés mais... Un silence s'installe entre nous trois. Alors j'interviens : « Pourriez-vous m'autoriser à scanner les documents qui m'intéressent, soit je le ferai moi-même, soit je le demanderai à quelqu'un qui voudra bien m'aider ? » Bien entendu, répond la jeune femme, dont je perçois le sourire. Sandra est satisfaite : il existe une solution et je la sens rassurée.

Retour à la cafétéria. Nous déjeunons sur le pouce en discutant à présent de façon plus détendue et plus personnelle. Sandra m'apprend qu'elle a lancé une souscription pour soutenir son institut et pouvoir continuer ses activités. Elle a bon espoir. Elle me confie aussi qu'elle écrit des pièces de théâtre, dont l'une a été retransmise par France Culture. Je devrais pouvoir encore l'écouter sur le site de la radio. De mon côté, je lui donne des précisions sur ma manière de travailler, de lire et d'écrire. C'est pour elle une vraie découverte. Elle est également très intéressée par la thèse de mon dernier livre, qui vient déranger ses préjugés quant à l'antisémitisme des Français. Il me vient alors une idée : puisque je vais faire dans quelques jours une conférence à l'université de Montréal sur ce livre, voudrait-elle venir ? Pourquoi pas, me répond-elle. Peut-être viendra-t-elle avec une amie. Sa réponse me fait plaisir. En dépit de nos différences, Sandra se montre curieuse de savoir et ouverte au dialogue.

Me reste à découvrir l'exposition sur l'Holocauste. Renseignements pris, cela ne va pas être possible. Il me faudrait un guide, mais personne n'est disponible. Sandra est désolée, car elle a maintenant une réunion. À l'accueil, je demande quand même à l'hôtesse s'ils ont un audioguide. Non, ce n'est pas prévu. J'insiste : j'aimerais bien qu'on m'explique un minimum ce qu'on peut voir ici. Moment de flottement. Cette dame a l'air très occupée. « Il n'y a vraiment personne pour vous aider, me répond-elle. De toute façon, l'exposition se présente comme une succession de textes. [Sous-entendu : elle est inaccessible pour vous.] Il aurait fallu que vous nous préveniez de votre venue, et on aurait trouvé quelqu'un pour vous accompagner. » Un groupe d'élèves arrive pour la visite. Moment d'agitation pour les accueillir. Le calme revient une fois qu'ils sont entrés dans le musée. Je fais une dernière tentative auprès de l'hôtesse. Tiens, ce n'est plus la même. La nouvelle paraît un peu plus accueillante, et m'explique que l'exposition se divise en trois parties : la vie des juifs avant la guerre, la période de l'Holocauste, puis l'après, avec des témoins juifs arrivés au Canada. C'est tout ce que j'en saurai. Déception. Je retourne à la cafétéria et m'assieds dans un coin. Je me perds dans mes pensées et m'assoupis... Un peu plus tard, Sandra revient et nous retournons ensemble au métro. Cette fois-ci, il pleut sur Montréal.

18

Une énigme française ?

Minute troublante hier matin. Allez, j'ose la raconter. Je me suis rendu au petit marché de la rue Rosemont pour y acheter des fruits. Super : ils avaient reçu des mangues ! J'en ai demandé deux au vendeur et j'ai pris la direction de la caisse. En m'en approchant, sans me presser, j'ai senti que je frôlais quelqu'un. Une dame m'a alors dit aussitôt : « Monsieur, vous voulez me faire un câlin ? » Surpris, je me suis excusé. Je l'ai sans doute un peu bousculée, mais je n'ai pu m'empêcher de rire. La dame a ri aussi, tout comme la caissière, qui avait tout entendu. Je suis parti avec mes deux mangues sous le bras et j'étais ému : on ne m'avait jamais parlé comme ça en public !

Ces derniers jours, je pense être entré dans une nouvelle phase de mon adaptation. Une remarque de Guillermo, le collègue de Jocelyne, m'a mis sur la piste. Je repense à ce qui s'est passé depuis mon arrivée à Montréal. J'ai d'abord été mobilisé par les « grands travaux » : la priorité absolue était de creuser des galeries dans mon univers de gris. Petit à petit, j'ai réussi à percer le mur pour me frayer un passage, des passages, ici et là, comme si j'avais repoussé de la terre sur les côtés. Cette première étape est décisive : je dois trouver l'énergie intérieure pour foncer dans le mur, de préférence en compagnie d'une autre personne qui sait ce qu'il y a derrière. L'ouverture de ces galeries, petites ou grandes, est fascinante : c'est la voie par laquelle on s'introduit dans le nouveau monde. Peu à peu, j'ai donc établi des itinéraires qui commencent à m'être familiers, m'appuyant sur des repères physiques ou sonores qui en balisent le chemin. Vient ensuite une seconde étape qui s'enracine dans la première : découvrir les objets qui habitent ces galeries et leurs espaces inconnus. Par touches successives, j'apprends à connaître l'existence de ces objets qui n'avaient pas encore de matérialité à mes yeux. C'est dans cette phase que j'évolue aujourd'hui. Sans le savoir, Guillermo m'en a fait mieux prendre conscience.

On ne se parlait pas beaucoup, sauf en présence de Jocelyne, avec qui il fait sa balade quotidienne dans le cimetière Notre-Dame-des-Neiges. Néanmoins, celui-ci m'avait donné quelques conseils avant mon départ à Ottawa puis demandé ensuite si tout s'était bien passé. Depuis, on bavarde un peu plus dans les couloirs. Or, Guillermo m'a signalé hier l'existence d'un « abreuvoir » à la sortie des toilettes. Les Français, s'il vous plaît, on ne rigole pas… Par

« abreuvoir », le Québécois désigne une petite fontaine d'eau à laquelle on peut s'abreuver pour se désaltérer. Ce chemin de mon bureau aux toilettes, je le connais maintenant par cœur. Cela fait partie de ces petites galeries à travers lesquelles je me déplace sans difficulté. Mais l'abreuvoir, j'en ignorais la présence alors que je suis pourtant passé plusieurs fois devant. Ce sont ces mots de Guillermo qui m'en apprennent l'existence et qui modifient d'un coup ma connaissance de ce lieu.

À noter qu'il m'en parle presque en s'excusant : « Tu sais, j'avais oublié de te le signaler... » Comme s'il sous-entendait : « C'est idiot, j'aurais pu y penser plus tôt... » En réalité, Guillermo pouvait supposer que je voyais quand même un peu, que j'étais donc en mesure de repérer cette fontaine qui, je l'imagine, est très visible dans le couloir, à la sortie des toilettes. Mais il a dû m'observer et se rendre compte que je ne le pouvais pas. C'est alors que, se mettant à ma place, il a pris la décision de m'en parler. Guillermo, je t'en suis reconnaissant. Tu as contribué à mettre du relief dans ma représentation du monde extérieur. Si je ne m'en tiens qu'à mes yeux, cet univers est en effet vide et morne. Il ne demande donc qu'à être meublé et décoré. À travers ta remarque, apparemment anodine, tes mots simples ont créé d'un coup un nouvel objet dans ma tête. Que ce soit un abreuvoir n'est d'ailleurs pas pour me déplaire...

Aujourd'hui, c'est le jour de ma conférence au CÉRIUM. J'ai décidé de l'intituler « Le paradoxe français », en hommage à l'historien belge Maxime Steinberg, qui a proposé cette expression dès 1993. C'est l'un des premiers, sinon le premier, qui s'est demandé pourquoi la France a connu un taux d'extermination des juifs plus faible que les Pays-Bas ou la Belgique. Son approche me semble très pertinente, parce que fondée sur une comparaison internationale ; et tout en intégrant la face sombre de la France de cette époque, il en souligne aussi la phase lumineuse, à savoir la survie des trois quarts des juifs dans ce pays. Ma préoccupation permanente est ainsi de ne jamais minimiser la tragédie qu'a constituée l'extermination de 76 000 juifs déportés de France. Comment le pourrais-je, étant un spécialiste du génocide ? Mais les morts ne peuvent pas faire oublier les vivants, soit environ 220 000 juifs restés en France, ayant heureusement échappé à la chambre à gaz, jusqu'à la fin de l'Occupation nazie. Comment l'expliquer ? Tel sera mon propos.

Je connais presque par cœur mon texte, devant parler « sans filet ». Pas d'autre choix : voici des lustres qu'il ne m'est plus possible de m'appuyer sur des notes écrites. Et le braille, me direz-vous ? J'ai bien tenté de l'apprendre au début de ma quarantaine. J'en connais les rudiments, mais sans le pratiquer. Je ne le lis donc que très lentement, à la différence de ceux qui le maîtrisent depuis l'enfance. Seule ma mémoire est mon recours et mon salut. Depuis que j'ai perdu la vue, je suppose qu'il s'est passé bien des choses là-haut, je veux dire dans mon cerveau, qui a dû apprendre à fonctionner autrement. Qu'en diraient les neurosciences ?

Cet effort de mémorisation représente une contrainte, et j'envie les collègues qui peuvent se contenter de lire leur texte. Par exemple, je jalouse ceux qui, la veille de leur intervention dans un colloque, peuvent participer à ceci ou cela : se rendre à un dîner ou à la projection d'un documentaire en soirée. Le lendemain, pas de souci pour eux : ils s'appuient sur leurs notes pour faire leur prestation. Dans mon cas, de telles distractions sont risquées. Il me faut limiter ces activités pour mieux me concentrer. Je dois réviser mon texte comme un élève (ou comme un comédien ?), vérifier si tout est en place dans ma tête pour le lendemain. J'ai découvert, depuis, que le général de Gaulle apprenait ses discours par cœur. Incroyable ! Savoir que ce personnage hors du commun faisait de lui-même ce qui m'est imposé est pour moi une source de consolation et d'encouragement. Lui n'y était pas contraint. Lui ne butait pas sur des mots, ce qui m'arrive parfois au détour d'une phrase. Sa diction était absolument parfaite. Alors je m'interroge : comment s'y prenait-il ? Comment pouvait-il être certain de connaître ainsi son texte sur le bout des doigts ? Répétait-il dans son bureau ? En se rasant devant la glace ? Ne gardait-il pas quand même son discours devant les yeux au cas où ? Pour ma part, je me refuse à faire du par cœur-par cœur, pour conserver une marge d'improvisation.

De toute façon, le temps me manque toujours pour parvenir au mot à mot. Je me contente de très bien savoir mon texte dans les grandes lignes et (presque) dans les détails. Bien connaître ainsi ma partition, c'est respecter à l'avance le public qui vient m'écouter.

Il est 17 h 20 ce jour de juin et les auditeurs commencent à arriver. La salle se remplit peu à peu. Pas complètement. Nous serons une petite cinquantaine. C'est trop peu à mon goût mais Frédéric, le directeur du CÉRIUM, maître des lieux, me rassure : c'est un bon chiffre en cette période d'été. Il reconnaît des collègues de la fac et quelques étudiants, remarque aussi des visages inconnus. Bref, il a l'air plutôt content. Frédéric me demande où je préfère m'installer : m'asseoir derrière le bureau ou rester debout ? Il ajoute : « Ici, nos invités parlent souvent debout juste devant le bureau. » Alors va pour cette solution. Quand je faisais des conférences avec l'ancienne résistante Lucie Aubrac, celle-ci m'avait conseillé : « Restez debout quand vous parlez. Croyez-en ma vieille expérience de prof : vous respirez mieux ! » On commence. Frédéric introduit le thème de mon dernier livre et souligne la nouveauté du propos. Puis, avant de me laisser la parole, il conclut : « Jacques a encore écrit un livre autobiographique... Il faudrait aussi en parler. » Zut, pourquoi a-t-il fait allusion à mon histoire personnelle ? Je ne suis pas là pour parler de moi mais de ma dernière recherche. Bon, allons-y. Bien droit devant le public. Je me sens à l'aise et heureux de leur faire découvrir mon travail. Je vais aussi glisser quelques anecdotes pour être plus vivant.

Savent-ils que je n'y vois pas ? Certains oui. La plupart non. Je vais donc y faire allusion au cours de la conférence, juste pour les en avertir. Sinon, je risque de susciter leur incompréhension, notamment quand vient le moment, à la fin, de saluer quelques personnes, de répondre en aparté à une question, de dédicacer un livre. J'ai de grandes chances de rater la main qu'on me tend, de ne pas regarder mon interlocuteur tout à fait en face, ou de ne pas remarquer la personne qui attend son tour. Il faut que je trouve un « truc » pour que le public soit informé de mon état sans m'appesantir sur la question. J'ai une idée. Mon intention est d'émailler cette conférence de deux citations : l'une de Vivette Samuel, une militante juive qui a écrit un livre émouvant de mémoires, *Sauver les enfants*, et l'autre de Serge Klarsfeld, lequel a toujours répété que, selon lui, ce sont les Français qui ont réussi à sauver les trois quarts des juifs dans ce pays. Pourquoi ne pas demander à Frédéric d'en faire la lecture, le moment venu, en déclarant : « Vous savez, je n'y vois presque pas ; c'est pourquoi j'ai demandé à Frédéric de lire cet extrait. » Ce dernier accepte, bien sûr, ravi de me rendre ce service. Ainsi fait, ainsi dit. Et voilà, le public est prévenu et la conférence se poursuit. À la deuxième citation, ils auront une piqûre de rappel.

Sur le fond, je soigne mon passage sur l'antisémitisme, pour éviter tout cliché à ce sujet sans pour autant nier la réalité du phénomène. J'évoque mon débat contradictoire avec l'historien américain Robert Paxton, grand spécialiste de Vichy, qui selon moi exagère l'étendue de cette idéologie en France durant la guerre. Au demeurant, il est d'accord avec moi pour constater qu'à l'été 1942, un changement se produit dans l'opinion. Nombre de personnes sont émues, voire choquées, que des policiers et des gendarmes français arrêtent des femmes et des enfants. Ici ou là, on se met à aider et à protéger de manière spontanée les persécutés, même si certains gardent des préjugés contre les juifs. La compassion l'emporte alors sur la stigmatisation. Paxton reconnaît ici l'importance de ce que j'appelle la « solidarité des petits gestes ». Je prends des exemples en m'appuyant sur les témoignages de juifs non déportés.

Jusque-là, tout va bien. Certes, je ne peux percevoir les réactions à mes propos sur les visages. Mais j'ai appris à sonder le silence d'une salle. En ce moment, il est d'une très grande qualité. Comme cette conférence se tient sous les auspices du CÉRIUM, centre fort connu au Québec pour donner la parole à des spécialistes de politique étrangère, je consacre un développement aux différences dans la politique internationale menée par l'Allemagne en fonction des pays tombés sous sa domination. Une observation s'impose : les nazis ont fait preuve d'une barbarie sans nom dans les régions de l'Europe centrale et orientale où a commencé l'extermination systématique des juifs. Dans les pays de l'Europe de l'Ouest, le bilan de l'Holocauste reste cependant très contrasté, ceci en faveur de la France qui, comme on l'a vu, connaît le taux de survie des juifs le plus élevé de cette région. C'est bien pourquoi il s'agit d'élucider cette énigme française. J'avance alors de nouveaux éléments d'explications, puis je conclus.

Ouf, c'est terminé ! Je touche les aiguilles de ma montre d'un geste rapide et, je l'espère, discret : j'ai parlé environ quarante-cinq minutes. Ça me va bien. Des études ont montré qu'un auditoire demeure rarement attentif plus de cinquante minutes. Je suis resté dans les temps. Frédéric anime le débat. Les interventions sont diverses : cela va de la demande de précision à une interpellation agressive sur mes sources ou encore au témoignage émouvant (une dame se reconnaît dans mes propos, étant elle-même une ancienne enfant cachée).

C'est la fin : Frédéric conclut la soirée. Des personnes viennent me voir pour me dire quelques mots, et il tient à me les présenter. Ah, voici deux dames qu'il ne connaît pas. C'est Sandra, qui vient me saluer avec son amie : elles semblent plutôt contentes et m'informent que d'autres membres du Centre de l'Holocauste étaient là. Peu à peu, les voix disparaissent et le calme revient dans la salle. Frédéric, qui, j'en suis certain, a toujours eu un œil sur moi, m'invite à « souper » au restaurant avec sa compagne pour fêter ça.

Le lendemain, c'est la séance finale de mon cours. Déjà ! J'y vais plutôt léger, mais aussi un peu triste. Tout est passé si vite… Au moment même où je me sens de plus en plus à l'aise dans cette ville, il va falloir se préparer à en partir. Cette dernière séance en est le signe. À peine arrivé dans la salle, j'y sens une atmosphère différente. Cela a-t-il du sens de dire que l'on perçoit les ondes qui circulent dans un groupe ? J'aurais tendance à le croire sur la base de ma propre expérience. Ne pouvant m'appuyer sur des signaux visuels, j'ai peu à peu appris, il me semble, à utiliser d'autres « capteurs »… Ainsi, je ressens en cet instant, entre les étudiants et moi, des vibrations particulières, comme une fébrilité joyeuse qui circule de l'un à l'autre. Pour les étudiants, il est vrai que cette séance marque la fin de leur année universitaire et j'imagine qu'ils en sont ravis… Mais ils sont aussi excités parce que nous allons expérimenter ensemble ce débat contradictoire sur la prévention des génocides.

En pénétrant dans la salle, ils parlent un peu plus fort qu'à l'accoutumée. Certains changent de place pour rejoindre leur « camp », tandis que je reste à la mienne, en bout de table. Un groupe s'installe à ma droite pour défendre le point de vue de la prévention, l'autre à gauche pour représenter le parti des sceptiques. Les étudiants doivent utiliser ce qu'ils ont appris dans le cours pour aller dans un sens ou un autre.

Nous nous sommes entendus au préalable sur les règles du jeu : chaque camp est représenté par un premier avocat qui, en moins de dix minutes, doit défendre le point de vue de son groupe. La parole passe ensuite à l'avocat de l'autre bord. Après l'entrée en matière de ces deux « ténors », qui doit être synthétique, ce sera le tour des autres membres de chaque groupe. Chacun prend la parole pour environ cinq minutes afin de soutenir un argument particulier. Ils interviennent en alternance de sorte que la parole circule en « ping-pong » entre les deux camps. Tout le monde est ainsi appelé à s'exprimer. Puis ces échanges, qui sont donc d'abord réglés, doivent laisser place à des interactions de plus en plus spontanées. C'est parti.

Judith commence : « Chères collègues, chers collègues... » La classe s'esclaffe. Judith fait comme si elle était dans un débat au Parlement ou à la télévision. Elle joue et s'amuse de ce moment, tout comme ses camarades. Puis elle devient plus sérieuse en se concentrant sur son rôle et ses arguments. Je la trouve brillante et convaincante. Elle a du talent, et ses camarades ont eu raison de la choisir pour lui demander de prendre la parole en premier.

C'est maintenant à l'autre camp de s'exprimer. Ils ont choisi Doris pour les représenter. Celle-ci débute aussi son intervention par « Chers collègues, chères collègues... » Et re-rires assurés... Elle soutient que la prévention, ce n'est pas sérieux... Mais que se passe-t-il ? Sa voix devient hésitante, elle s'arrête, étouffée par un sanglot. Trop de tensions et d'émotions ? Silence et malaise général. Doris s'excuse ; elle est rentrée depuis peu de Bosnie, où elle avait eu l'autorisation de la fac pour participer à une conférence internationale à Sarajevo. Elle en revient juste très fatiguée. Doris demande à sortir de la classe pour se reprendre. Un étudiant de son groupe, François, reprend au pied levé les arguments des « contre ». Un peu laborieux, mais il s'en sort bien vu les circonstances.

Il est presque midi et l'on doit s'arrêter. De toute façon, nous en avons assez... Tout le monde se congratule et les étudiants applaudissent, comme il arrive à Sciences Po lors de la dernière séance d'un cours. C'est aussi une manière de remercier leur prof.

Nous sommes convenus ensuite de partager un lunch dans un café-restaurant du quartier Côte-des-Neiges. Notre petite troupe y va gaiement tandis que quelques-uns continuent à commenter la manière dont s'est déroulé le débat. J'ai pris le bras de Chloé et j'en profite pour la remercier de son aide durant toutes ces semaines. Dans le restaurant, il y a déjà du monde ; Chloé me guide vers la grande table qui nous a été réservée, m'invitant à m'asseoir au milieu des étudiants. Tout le monde me semble détendu. Impression trompeuse ? À converser avec ceux qui sont juste à mes côtés, je me rends compte que certains demeurent préoccupés. Ils n'ont toujours pas trouvé de stage, un passage obligé pour valider leur maîtrise. Bien sûr, le département de science politique peut les aider, leur donner des pistes, mais c'est aussi à eux de se débrouiller... Je songe à mes étudiants à Paris, qui ont le même problème.

« Et vous, qu'allez-vous faire maintenant ? » m'interroge Doris, qui me semble aller beaucoup mieux.

« Je vais bientôt rentrer en France. Mais auparavant, je dois me rendre aux États-Unis afin d'y recevoir un prix pour mes travaux sur la résistance civile. »

Surprise, elle me félicite. Deux autres étudiants, juste à nos côtés, ont tendu l'oreille. Et tous les trois, presque en chœur :

« Mais, vous ne nous en avez rien dit ! Ni de vos travaux sur ce sujet, ni de ce prix !

– C'est vrai. Mon cours portait sur les violences de masse, pas sur la résistance civile, c'est-à-dire sur la manière dont des groupes, voire des sociétés, peuvent résister sans armes au sein de régimes autoritaires ou totalitaires. Quand vous travaillez sur l'horreur absolue, cela fait du bien de considérer les êtres humains sous un autre angle, quand ils parviennent à se comporter de manière plus digne et courageuse. »

Ils abondent et me suggèrent de revenir un jour pour en parler. Au bout de la table, j'entends certains discuter avec animation des professeurs français. Dans le brouhaha général, je crois bien reconnaître les voix de Rachel et de

Judith. Elles ont l'air d'accord : elles pensent qu'ils sont trop formels et rigides, qu'ils sont souvent en cravates et que les élèves doivent rester passifs à les écouter. Quels clichés, me dis-je en moi-même. Je me sens obligé de défendre mes collègues et leur lance : « Dites donc, vous ne croyez pas que vous exagérez un peu ? » Silence. Toute la table a entendu mon intervention, même ceux qui ne savent pas de quoi il retourne. Alors, Judith reprend la parole et me répond du tac au tac : « Mais vous, monsieur, vous êtes vraiment un professeur français ? » Et toute la table éclate de rire...

19

Le parfum de la Nouvelle-Angleterre

Aéroport Pierre-Trudeau. Embarquement du vol pour Boston. C'est un agent d'Air Canada qui vient me chercher. Sa voix est très sympathique ; il doit avoir dans la quarantaine, une petite cinquantaine peut-être. Il commence aussitôt à me faire la conversation, me parlant de la formation qu'il a reçue dans sa compagnie. Un exercice l'a beaucoup marqué. « Il fallait prendre le bras d'un collègue et avancer tout en fermant les yeux, pour se mettre à la place d'un non-voyant. Ah, monsieur, cela a été une expérience inoubliable. J'avais l'impression qu'un mur allait me rentrer dedans. Plus j'avançais, plus je pensais que j'allais m'y cogner. Avec l'entraînement, cette sensation a diminué, mais elle n'a pas complètement disparu. Vraiment, je ne sais pas comment vous faites. » Je lui réponds que c'est une question d'habitude ; c'est bien qu'il ait fait cet exercice, dont je n'avais jamais entendu parler.

Puis mon guide se fait philosophe : « Monsieur, on ne fait plus bien attention aujourd'hui. On ne voit bien qu'avec les oreilles. Nous sommes sollicités en permanence par des images en tous genres. Mais pour se concentrer, il faut fermer les yeux. Si les hommes écoutaient mieux, ils résoudraient bien mieux leurs problèmes. » Il est 11 heures du matin, et je ne m'attendais pas du tout à cette leçon de sagesse, ici même, dans ce couloir anonyme. C'est comme s'il voulait me dire : « Vous qui n'y voyez pas, vous êtes bien plus dans la vérité que les voyants… En avez-vous conscience ? » Je ne sais s'il a raison, mais ses mots résonnent en moi. Il me parle maintenant de son amour pour la pêche. C'est son passe-temps favori, me confie-t-il, et « là aussi, il faut savoir écouter et se concentrer pour voir ».

Nous voici au contrôle des bagages. Je me déleste de mon sac à dos pour le mettre sur le tapis roulant. On me demande aussi d'ôter mon chapeau… au cas où j'aurais dissimulé une bombe sur le haut de mon crâne. Il est temps de quitter mon guide – cet homme qui a su me toucher par son humanité et son humilité.

Arrivée à Boston un peu moins d'une heure plus tard. C'est Amber qui est venue m'attendre, une jeune Américaine travaillant depuis peu pour une fondation de Washington : l'International Center for Nonviolent Conflict (ICNC). Créée en 2002 par Peter Ackerman et Jack DuVall, deux spécialistes de l'action non violente, cette organisation vise à promouvoir les stratégies basées sur la mobilisation de populations civiles, en faveur des droits de l'homme et de la démocratie. L'ICNC organise en ce moment une « école d'été » pour des militants et universitaires du monde entier. Durant ces journées, l'ICNC a pour habitude de remettre un prix : le James Lawson Award, qui récompense des militants, journalistes ou universitaires pour leurs engagements ou travaux sur l'action non violente. Ce prix porte le nom du pasteur James Lawson, un ancien collaborateur de Martin Luther King, que celui-ci appréciait pour son sens de la stratégie. Cette année, je vais donc en être l'un des heureux récipiendaires.

Amber tient à me parler en français, ce à quoi je suis sensible. Des Américains qui apprennent notre langue, cela commence à se faire rare... Elle s'exprime avec un délicieux accent et je ne peux m'empêcher de sourire quand elle me déclare : « J'ai marié avec un Français ! » Elle me conduit vers sa voiture et me félicite déjà pour le prix que je vais recevoir. Oui, je suis heureux bien sûr, mais en fait, je pense à autre chose. Ou plutôt j'essaie de ressentir autre chose. Cette région de Boston, je la connais assez bien puisque j'y ai séjourné voici des années. Or, je cherche quelque chose, un détail, une sensation qui me fasse identifier ce lieu, quelque chose qui me dise avec certitude : voilà, tu es là et pas ailleurs.

Or, je n'ai rien senti à mon arrivée. J'étais resté sur le souvenir que, dès la sortie de l'aéroport, on sent la mer. Mais aujourd'hui, rien de rien. Est-ce une question de vent ? Je n'ai perçu aucune senteur marine et cela me désole. Je me fais un raisonnement par l'absurde : après tout, qu'est-ce qui me prouve que je suis arrivé à Boston ? D'accord, on parle anglais ici, ou plutôt un anglais américain assez typique. Je n'ai certainement pas atterri à Moscou ni à Tokyo. Mais je pourrais tout aussi bien me trouver à Philadelphie ou Chicago.

Nous avons pris la direction de Cambridge, où je dois déposer mes affaires à l'hôtel. Amber m'informe que nous longeons la Charles River et, un peu plus tard, que nous traversons Porter Square, où le trafic est dense. Je connais bien cette rivière et ce quartier. Confortablement installé dans la voiture avec air conditionné, je ne perçois rien du paysage ni de la vie qui bruit de l'autre côté de ma vitre. J'ai l'impression d'être dans un aquarium, dans lequel je ne capte rien de l'extérieur, hormis les sons amortis de la circulation automobile. Nous arrivons devant l'hôtel. J'ouvre la porte de la voiture et aussitôt le monde revient à moi : je suis enveloppé par une chaleur presque étouffante, tandis que les bruits de la ville deviennent tout à coup plus intenses.

À la réception de l'hôtel, je m'annonce comme client non voyant. Durant des années, je n'osais pas le faire. Impossible de me présenter à l'accueil pour déclarer tout de go : « Bonjour, je m'appelle Tartanpion et je n'y vois pas. » Je refusais que la cécité fasse partie de mon identité. Je la repoussais donc à l'extérieur de moi-même. Il y avait là de la honte ou de l'orgueil, et aussi la peur de déranger. C'était idiot, car ce non-dit me compliquait la vie. J'ai fini par lâcher prise, abandonnant ce système de défense inefficace et vain. Peu à peu, j'ai intégré ma « faille » dans ma chair et dans mon esprit. Je n'avais d'ailleurs plus le choix si je voulais continuer à voyager. Et mon existence en est devenue plus simple.

Aucun commentaire de l'hôtesse, qui me passe une carte magnétique pour ouvrir la porte de ma chambre. Sait-elle comment je vais pouvoir m'en servir ? Je regrette les bonnes vieilles clés d'antan ! On pouvait au moins les introduire dans le trou d'une serrure facilement repérable. Comme à peu près partout maintenant, elle m'a donné une carte bien lisse, sans aucun repère pour mes petits doigts désorientés. Le « truc » consiste à plier un des angles de cette carte pour en repérer le sens. Ainsi, je saurai comment l'introduire dans la fente de ce qui fait office de serrure mais qui n'en est plus une. L'hôtesse me regarde faire et me dit juste que « c'est une bonne idée ». Puis un employé me guide vers ma chambre. Dans l'ascenseur, je prends soin de toucher les boutons des étages pour apprendre à les reconnaître. Saurai-je repérer le mien puis retrouver le rez-de-chaussée ? Ça ira : ils sont en relief et numérotés en braille. À la sortie de l'ascenseur, je suis l'employé et tente de mémoriser le chemin vers ma chambre : prendre à gauche, puis le couloir à droite et compter cinq portes. Je reviens à l'ascenseur pour refaire cet itinéraire, mais tout seul. Ça devrait aller aussi. Entrée dans la chambre : très confortable, avec un lit immense (dit *king size*). Je demande à l'employé de me faire faire le tour des lieux. Je mets les mains partout : c'est le seul moyen d'en avoir une représentation spatiale concrète. Enfin, je lui demande où se trouve le téléphone et quel est le numéro pour appeler la réception : ça pourra toujours servir.

Amber m'a patiemment attendu en bas, mais cela n'a pas été long. Nous retournons à la voiture pour prendre cette fois-ci la direction de Medford afin de rejoindre le campus de l'université. Impression d'être revenu dans l'aquarium aseptisé. Quelques dizaines de minutes de route et nous arrivons enfin. J'ouvre ma portière, et là... Bonheur des odeurs ! Sans m'y attendre, je suis entré dans un nuage de parfums, un effluve de bois et de verdure, le tout plongé dans une chaleur humide et tendre. C'est ça, c'est tout à fait ça : je reconnais enfin ce coin du monde, celui que j'ai connu jadis, à travers cette senteur de la Nouvelle-Angleterre qui remonte à ma mémoire. Je me revois aussitôt marcher dans les rues de Cambridge et arpenter le Harvard Yard. Point besoin d'une photographie rangée dans un album ou un portefeuille pour m'en souvenir. J'y suis ! C'est donc cette odeur qui me relie à mon passé. Les mots me manquent pour la décrire. C'est comme une senteur à nulle autre pareille qui me traverse de part en part, qui me fait être à la fois dans cet instant et dans mon histoire. Alors je la respire et la respire encore car, en plus, elle sent bon. Elle sent l'été et son exubérance joyeuse. Je n'ai pas fait un pas de plus depuis que je suis sorti de la voiture. Amber doit se demander ce qui m'arrive. Je lui explique, et elle comprend mon trouble. Elle aussi est sensible aux odeurs. Je n'ai pas envie d'aller plus loin, de rejoindre les autres. Je désire rester là encore, à profiter de ce moment unique qui m'a fait d'un seul coup sortir de mon bocal. Mais il va bien falloir y aller. Résigné, je prends le bras d'Amber, qui m'entraîne vers le bâtiment où l'on m'attend. Je dis : « *Hello* », « *Hi* », « *I am so glad to be here* »... Je serre des mains, je retrouve des personnes qui me connaissent (« Ah ! Cela fait si longtemps qu'on ne s'est pas vus ! ») et d'autres qui sont heureux de faire ma connaissance. Mais moi, je ne suis pas encore là. J'ai la tête et les sens ailleurs.

Le lendemain matin, je dois faire une conférence pour tous les participants de la *summerschool*. Je vais leur présenter le *best of* de mes travaux sur la résistance civile dans l'Europe nazie puis communiste. En anglais, bien sûr. La question de la langue ne s'est même pas posée... Heureusement que j'ai eu quelques jours pour m'y préparer depuis la fin de mes cours. Bien que j'en aie l'habitude, cet exercice me demande un travail préalable plus important que pour une conférence en français. J'adopte la même discipline, apprenant mon texte quasiment par cœur. Cela n'est pas trop compliqué, car je vais reprendre quelques points fondamentaux de mon livre *Sans armes face à Hitler* (déjà disponible en anglais) puis de *La Liberté au bout des ondes* (traduit avec le soutien de l'ICNC, et qui devrait donc paraître dans cette langue). Au moment de commencer, je crains soudain d'avoir voulu trop en dire et de rester par conséquent dans des généralités. Mais il est trop tard pour faire machine arrière.

À l'entrée de la salle, Peter et Jack, les fondateurs de l'ICNC, me saluent. Je me montre en retour chaleureux et souriant, mais en réalité, j'ai le trac… L'audience, me précise Jack, est constituée d'une cinquantaine de personnes représentant une trentaine de nationalités. La plupart des participants ne sont pas des Européens. Ça tombe bien, puisque je vais leur parler de l'histoire du « Vieux Continent ». J'entre dans la pièce, et m'y sens immédiatement à l'aise : elle est aérée et spacieuse. Allez, je parierais même qu'elle est belle, très claire et fonctionnelle. On me fait monter sur l'estrade et toucher le tableau qui sera derrière moi. Il n'en finit pas : il doit au moins faire cinq mètres de long, sinon plus. On m'invite ensuite à m'asseoir sur le fauteuil placé au centre derrière un immense bureau avec ordinateur et tout et tout. Mais je ne m'en servirai pas. Et puis, je ne veux pas parler assis. Alors je me relève d'un coup, micro en main : je suis prêt. J'ai quarante-cinq minutes pour faire mon *show*, sans possibilité de dépasser car le programme est chargé.

Je parle donc de la résistance civile dans l'Europe d'Hitler, d'abord à travers le rôle des symboles (qui ont permis aux peuples occupés de garder leur identité patriotique) puis des mouvements de lutte armée qui se sont formés au cours des trois dernières années de la guerre sans que la résistance civile ait disparu pour autant, entre autres pour le sauvetage des juifs.

Dans la période dite de la guerre froide, on a vu aussi apparaître des cas importants de résistance contre la domination soviétique, d'abord armée (insurrection de Budapest) puis civile (printemps de Prague). Tous deux ont été des désastres, sévèrement réprimés par les chars soviétiques. Tirant les leçons de ces échecs, des opposants est-européens ont inventé de nouvelles formes de résistance civile, apprenant entre autres à faire un usage subversif des médias. Cette évolution a conduit au mouvement polonais Solidarność et, quelques années plus tard, à la chute du mur de Berlin.

Pour accompagner cette présentation, j'aurais pu faire un « Powerpoint », comme on dit maintenant. Cela m'est déjà arrivé de me servir de ce logiciel. Mais ici, j'ai préféré tracer quelques schémas sur le grand tableau situé derrière moi. J'écris sans voir, sachant que mon écriture sera lisible si je m'applique. Cependant, je glisse quand même à l'auditoire : « J'espère que vous pouvez me lire, car j'y vois très peu. Sinon dites-moi. » Pas de réactions dans la salle : j'en conclus qu'ils peuvent lire mes petits schémas destinés à expliquer comment la résistance civile peut parfois marcher contre un régime politique, en principe armé, pour l'anéantir. Les questions fusent de toutes parts. Chacun se présente : le premier vient du Cameroun, le second d'Afghanistan, un troisième d'Argentine, un quatrième de Syrie, un cinquième du Nigeria… Impressionnant. Les questions sont intéressantes, mais j'ai le sentiment qu'une même interrogation, cruciale, les sous-tend toutes : pouvez-vous nous donner de l'espoir ? comment faire pour lutter par des méthodes d'action non violentes dans mon propre pays ? J'ai bien peur de ne pas avoir réponse à tout…

À la pause, quelqu'un me prend le bras ; je ne saurais dire pourquoi, mais je perçois tout de suite ce contact comme fraternel :

« Bonjour. Mon nom est James Lawson… Vous voyez qui je suis ?

– Bien sûr que je vois qui vous êtes ! Je suis très honoré de faire votre connaissance et de me voir remettre tout à l'heure ce prix qui porte votre nom. »

On m'avait prévenu que James Lawson était un homme déjà âgé. Pourtant sa voix ne me donne pas cette impression : elle est dynamique et enthousiaste. Il continue : « J'ai aimé votre conférence… Et cela m'a fait plaisir que vous citiez le pasteur André Trocmé, qui a été engagé en France dans le sauvetage des juifs au Chambon-sur-Lignon. Je l'ai bien connu. Il a été mon professeur à Los Angeles juste après la guerre. Je me souviens en effet qu'il nous parlait de non-violence, cela m'avait beaucoup marqué. » Incroyable !

Si je m'imaginais, en venant ici, découvrir ce fil entre Le Chambon et Los Angeles, entre les pasteurs Trocmé et James Lawson ! Je suis ravi de discuter avec cet homme qui a été proche de Martin Luther King.

À midi, tous les participants sont invités à rejoindre un autre bâtiment où doit se dérouler la « cérémonie ». La salle de réception, située dans une autre partie du campus, ne me fait pas du tout la même impression que celle de la matinée. Je mesure aussitôt l'importance de son caractère officiel avec mes pieds : je suis en train de marcher sur un tapis très, très épais. Aucun doute : cette pièce est vaste et *cosy*. Elle est faite pour accueillir des rencontres académiques formelles et autres *special events*. Amber confirme mon impression, et elle ajoute :

« On peut voir les portraits d'anciens professeurs accrochés aux murs.

– Des photographies ?

– Pas du tout, des peintures ! » me répond-elle.

Quelqu'un m'accueille et me dirige vers une table où doivent s'asseoir les récipiendaires. Elle a été installée près du podium, à distance des autres convives. Pour un court instant, je me retrouve seul. J'écoute ce moment. Je suis bien là, tout en m'extrayant de la scène. J'entends un brouhaha permanent et régulier qui me fait penser aux murmures des spectateurs venus voir une pièce de théâtre. Juste avant que le rideau ne se lève, ils babillent ensemble, emmêlés les uns aux autres dans des « blablabla » formant un fond sonore dont on ne saisit pas le sens. Mon voisin m'informe que nous sommes une bonne centaine : les participants de la *summerschool*, des profs de l'université Tufts qui nous ont rejoints, des amis de Cambridge venus pour l'occasion et aussi quelques journalistes. Ah ! Un buffet est prévu, chacun peut se servir. Il me faut encore une fois demander de l'aide. De l'aide, de l'aide, toujours de l'aide. Ras le bol ! Heureusement, Amber vient à mon secours. Elle est formidable. Donc, je choisis avec elle quelques crudités et un morceau de poulet froid. Mais de toute façon, je n'ai pas faim…

Le silence s'installe. Jack DuVall déclare ouverte la cérémonie de remise des *awards*… Ma parole, on se croirait à Hollywood pour les oscars ! Il parle d'un ton très sérieux et professionnel, en lisant son texte. Nous sommes quatre à être distingués : une Cambodgienne pour son action en faveur des droits de l'homme dans son pays, un Sud-Africain spécialiste de la désobéissance civile, un militant anglais, récemment décédé, récompensé à titre posthume pour son travail sur la résistance civile au Kosovo et moi-même. On m'appelle en troisième. Moment d'émotion contenue : je suis touché par ce que dit Jack de mon itinéraire et de mes travaux. On projette ensuite une vidéo dans laquelle je parle de résistance civile. Mais où ont-ils trouvé ces images ? Aucun souvenir de qui a fait ce film et quand. En tout cas, l'extrait est très bien choisi. Mon voisin, Hardy Marriman, le prochain directeur d'ICNC, m'informe qu'il peut comprendre grâce aux sous-titres en anglais. Cela m'impressionne. Tout à coup, le film s'arrête et je dois y aller.

Maintenant, on ne rigole plus, ou plutôt, on essaie de paraître détendu… J'arrive devant le podium, et James Lawson me rattrape : « *Look at me !* » me dit-il tout bas. Ok, j'oriente mon visage dans la direction de sa voix. Nous avons établi le contact, telles deux capsules spatiales au moment de leur arrimage. Je fais comme si je le regardais dans les yeux en lui adressant mon plus beau sourire de circonstances. James me dit encore tout bas : « Je vais vous donner votre statuette. » Quoi, une statuette ? Je n'avais pas du tout compris qu'on allait me remettre une telle chose ! Donc, ça se passe bien comme pour les oscars… Je tends mes mains et, nouvelle surprise : l'objet est très lourd – au moins deux kilos ? J'ai heureusement le réflexe de le retenir, sinon il aurait bien pu se retrouver par terre… Je m'attendais à un petit trophée. En réalité, c'est du lourd ! Jack, qui est à mes côtés, me murmure à son tour : « Je vais maintenant vous donner votre certificat, qui atteste l'apport de vos travaux. C'est comme une sorte de diplôme. » C'est trop, c'est trop ! Je me montre maladroit pour le prendre, mes mains étant déjà occupées à soutenir la statuette.

Voici qu'on me guide vers le podium. Deux marches à monter puis virage à gauche. Je touche un pupitre. Super ! Je suppose que c'est de là qu'on me demande de parler. Je m'empresse de l'empoigner et ne sais à qui je redonne la statuette. Je ne veux plus bouger de là : ce pupitre est un point fixe, comme un rocher dans un univers mouvant que je ne maîtrise pas. Le tenir à deux mains me donne contenance et confiance. Du haut de mon rocher, donc, je me sens soudain à l'aise. Je regarde les gens, je souris, j'entends les *clics clics* des appareils photo. Je sais que l'on est filmés et que la vidéo passe en direct sur Internet.

Je m'amuse de cet instant de gloire éphémère – aussi fugace et volatil que ce parfum de la Nouvelle-Angleterre qui m'est revenu à la mémoire.

20

Des hommes et des plantes

Retour à Montréal… Mon séjour se termine bientôt et, avant de partir, j'ai encore le temps de faire quelques visites qui me tiennent à cœur. Aujourd'hui, j'ai promis à mon ami Frank Chalk de venir à Concordia University pour y écouter le général Roméo Dallaire. Concordia est située dans la partie anglophone de la ville, où je ne me suis presque pas rendu. Maintenant que je me sens plus à l'aise dans cette ville, j'ai bien l'intention d'y aller en métro, armé de mon GPS. Aucun problème pour atteindre la station Guy-Concordia. C'est après que ça se complique. Car la rencontre ne se tient pas dans les locaux les plus proches mais dans un bâtiment un peu excentré, rue du Docteur-Penfield. À la sortie du métro, personne ne sait me dire où se trouve cette rue. Cette fois-ci, mon GPS va vraiment me servir. Je suis donc la direction qu'il m'indique. Mais au bout de quelques minutes de marche, après avoir traversé un carrefour, je sens une drôle de matière molle sous mes pieds. « Monsieur, que faites-vous donc là ! Il n'y a que du gazon où vous êtes ! » C'est un passant qui me parle de l'autre côté de la rue. Il vient à ma rescousse sur le terre-plein et me demande où je souhaite aller. C'est tout près d'ici et il se propose de m'accompagner à bon port. C'est très gentil. Visiblement, j'étais tout près du but. Je tire une leçon de ce petit « incident » de parcours : malgré le GPS, l'aide humaine reste bien utile.

La conférence de Dallaire vient juste de commencer. Je me branche d'abord sur la voix du général, pour en écouter la musique. Le ton est ferme et assez rapide. On y sent quelque chose du commandement. En même temps, certaines intonations se perchent dans les aigus. Il commence à présenter un diaporama : je vais encore rater une partie de ses propos. Heureusement, il lit souvent ses diapositives et je peux donc suivre le fil de ses idées. Son exposé porte sur l'utilisation des enfants soldats comme « arme de guerre ». À plusieurs reprises, il emploie cette formule-choc. Pour frapper les esprits. Quand une armée recourt à des enfants soldats, explique-t-il, cela signifie que ses chefs n'accordent aucune valeur à la vie humaine. Il est donc certain que cette armée va commettre des massacres. Le moyen de prévenir ces derniers passe donc par la lutte contre la participation des enfants à des opérations de guerre. Il faut aussi se donner les moyens de leur insertion ou réinsertion dans des activités civiles. C'est tout le sens du combat actuel du général Dallaire, qui vient justement de démissionner de son poste de sénateur à vie pour s'y consacrer entièrement. On l'applaudit avec respect mais, il me semble, sans véritable enthousiasme. Des questions de l'auditoire laissent percer un certain scepticisme quant à l'efficacité de son action. Moi, je suis resté silencieux et je me dirige vers la tribune pour le saluer.

Frank, qui a présidé et animé la rencontre, m'aperçoit et me présente à Dallaire. Nous discutons brièvement de mes travaux, de nos rencontres passées ou des occasions manquées de nous croiser. Puis l'on se sépare, en espérant se revoir, qui sait, à Paris peut-être…

Je repars vers la station de métro, certain de savoir cette fois-ci où mettre mes pieds. *Tac tac tac*. Déjà, une personne m'aborde en me posant la sempiternelle question : « Avez-vous besoin d'aide ? » C'est une dame à la voix nasillarde, mais non dénuée d'entrain. Je ne suis pas en difficulté, et je m'apprête à lui répondre que non, ce n'est pas la peine. Mais je me ravise. Pourquoi refuserais-je la compagnie de cette vieille dame qui souhaite simplement me rendre service ? Je ne me sens pas de l'éconduire. J'accepte donc son offre et elle me prend aussitôt le bras avec une certaine vigueur… Cette dame me semble très âgée, mais énergique. Nous commençons à bavarder, et elle devine que je suis français. Elle peut faire un peu de chemin avec moi, car elle se rend chez le « dépanneur » : c'est dans la direction du métro. Un brin d'ironie dans la voix, elle m'interroge :

« Savez-vous ce que c'est qu'un dépanneur ?

– Je crois bien, madame, c'est un magasin où l'on trouve toutes sortes de choses. On dirait en France un "magasin de dépannage".

– Bravo », me dit-elle, comme si j'avais répondu à la question d'un test.

Je me dis que je pourrais en profiter pour y acheter un paquet de rasoirs jetables qui me font actuellement défaut. Elle pense que je devrais en trouver, et elle est ravie de m'y accompagner.

Nous entrons dans la boutique et la dame va tout droit à la caisse : « Avez-vous des rasoirs jetables pour ce monsieur ? » Elle a parlé d'un ton presque impérial, comme si elle était propriétaire du lieu...

« Bien sûr, madame », répond un monsieur qui me paraît bien la connaître. Je suis ravi. Tandis qu'il va chercher les rasoirs dans un rayon, je mets la main à la poche intérieure de mon blouson pour en sortir mon portefeuille. Mais il n'y est pas ! Je réalise qu'il est resté dans la veste que j'ai prise pour aller à Boston. Très embarrassé, je m'excuse. Il ne me reste plus que deux dollars dans mon porte-monnaie et je ne peux donc les acheter.

« Alors, je vous les offre, déclare la vieille dame, d'un ton catégorique.

– Quoi ! C'est très gentil de votre part, mais je ne peux l'accepter », lui réponds-je, très gêné.

Et elle de me rétorquer en élevant la voix : « Mais cela me fait plaisir ! Ce n'est pas pour les quelques dollars que cela coûte ! » Et moi de continuer à protester tandis que la dame insiste. Combien de temps a duré notre échange vaudevillesque ? Je ne saurais le dire… Le monsieur, revenu à la caisse, reste silencieux. Il doit s'amuser de la scène et se demande s'il va finalement vendre son paquet de rasoirs. Alors, je craque et dit oui à cette dame pour la seconde fois. Aussitôt, elle est triomphante et heureuse. Elle achète je ne sais quoi pour elle puis paye le tout.

Cet arrêt chez le dépanneur a constitué un déclic dans notre relation naissante. La dame m'annonce qu'elle va finalement m'accompagner jusqu'au métro, car il n'est plus très loin. Et elle se met à me parler, à me parler… comme si elle voulait me dire un maximum de choses dans le peu de temps qui nous sépare de la station. Son mari est très âgé et malade. Il a 98 ans et elle 93. Il est quasi impotent et elle doit tout le temps s'en occuper. Ah, monsieur, c'est très dur ! Elle n'en peut plus. Et c'est pourquoi elle sort de temps en temps de chez elle, comme maintenant, pour se changer les idées. « J'adore la France et les Français, vous savez ! » Elle aime tant la nourriture et la culture de ce pays ! Elle me dit tout en vrac, sans prendre le temps de respirer… Et Paris est si beau et la Côte d'Azur aussi ! Mais elle a été encore en

Inde et en Afrique… Je ne peux pas l'arrêter, et durant tout ce temps, elle ne me pose aucune question sur moi. Nous arrivons déjà à l'entrée du métro. Cette promenade inopinée a été pour elle un « beau moment », me confie-t-elle. Je sens qu'elle a de la peine à me quitter – et moi aussi d'ailleurs. Alors, on se fait la bise… C'est la rencontre éphémère la plus émouvante qu'il m'ait été donné de vivre durant mes déambulations hasardeuses dans les rues de Montréal.

Le lendemain, je me rends dans les locaux de Vues et Voix, cette association québécoise qui produit des livres sonores adaptés, et dont on m'a dit tant de bien. J'aurais pu y venir plus tôt, mais j'étais trop occupé… Or, il m'est difficile de quitter Montréal sans leur rendre visite tant j'ai de gratitude pour tous ces bénévoles qui font parler les mots. J'ai d'ailleurs écrit un hommage aux lecteurs, il y a fort longtemps, pour leur dire toute ma reconnaissance. Je voulais laisser une trace écrite de ma dette à leur égard. Sans eux, que serais-je devenu ? Si je vis aujourd'hui pour le savoir et par le savoir – du fait de mon métier de chercheur et d'enseignant –, c'est bel et bien grâce au fil invisible et solidaire de leurs voix. Le savent-ils, tous ceux que j'ai écoutés un jour, des semaines ou des mois ? Leur aide a été plus que vitale dans la construction de mon identité personnelle et professionnelle. J'en témoigne : ces lecteurs prodiguent un bien fou à celui ou celle qui ne voit pas, en réalisant cette opération extraordinaire de faire parler les textes. Car les livres ne sont-ils pas des objets inertes ? De simples tas de papiers ? Que puis-je faire, moi, sinon les soupeser, caresser leur texture, entrouvrir leur « feuillure », sentir leur odeur ? Et j'enrage, oui, j'enrage, qu'en dépit de toutes ces opérations d'approche, ils restent muets, hostiles, impénétrables.

Mais vous, chère lectrice, cher lecteur, vous avez le don, vous avez la faculté, le pouvoir magique de faire parler ces fines feuilles de papier. À travers votre voix, c'est tout un univers qui apparaît, un monde de sens qui s'anime et prend forme. En donnant votre voix, c'est comme si vous donniez votre sang à celui ou celle dont le regard s'est obscurci. Et s'il s'avère de plus que vous êtes doué pour la lecture, si vous savez poser votre voix, lui donner de l'inflexion et de la chair, sans outrance toutefois, que vous dire sinon que, dans ces moments-là, les mots que vous prononcez deviennent une manière de beauté ?

Le siège de Vues et Voix se situe boulevard René-Levesque, dans le Quartier latin. Mon GPS m'en donne la direction, mais il n'est pas évident d'avancer bien droit sur le grand trottoir de ce boulevard et... gare au poteau ! J'entends des talons qui trottinent non loin devant. Une aubaine ? Je vérifie qu'ils avancent bien dans la direction indiquée par mon GPS. Puis je fais quelques enjambées rapides pour m'en rapprocher – mais pas trop. Je vais me caler sur leur rythme. Ces talons vont me servir de serpentin sonore. Ainsi puis-je marcher un peu plus détendu, moins en alerte face à d'éventuels obstacles. Tandis qu'ils résonnent avec leurs *clac clac clac*, ma canne fait *tac tac tac*. Je m'amuse de la situation. C'est comme si je battais la mesure de nos marches emboîtées : *clac-tac clac-tac clac-tac*... La dame va-t-elle s'apercevoir qu'un type la suit avec un bâton ? Elle a l'air assez pressée et doit être dans ses pensées. Elle ne se retourne pas, ne ralentit pas son allure. Tout à coup, voici qu'elle oblique à gauche, pour entrer dans un immeuble, je suppose. Zut, j'ai perdu mes talons ! Mais où suis-je ? À nouveau, je consulte mon GPS, qui m'annonce : «Vous êtes arrivé.» Nous allions donc à la même adresse : cela ne s'invente pas !

Une fois entré dans l'immeuble, il me faut demander de l'aide pour trouver l'étage. Les locaux de Vues et Voix, en effet, ne sont pas dans un bâtiment qui serait dédié aux non-voyants : ils sont intégrés dans un immeuble hébergeant d'autres entreprises « normales ». J'ai rendez-vous avec la directrice, Marjorie Théodore, dont j'ai fait brièvement la connaissance voici quelques années, dans le cadre d'une rencontre internationale à laquelle participait son association (qui s'appelait alors encore « la Magnétothèque »). J'ai d'abord droit à une visite des locaux avant d'être reçu par « la PDG », m'annonce une dame à l'accueil. Elle a bien dit « PDG »... et non pas « directrice ». Cela me fait bizarre, car selon moi un PDG dirige une entreprise commerciale ou industrielle, pas une association enregistrant des livres pour les aveugles. On me guide à travers un couloir qui conduit à plusieurs studios d'enregistrement. L'un est ouvert ; je salue chaleureusement un lecteur et un moniteur en train de faire une pause. Ce sont deux bénévoles. Je leur demande de m'expliquer le rôle du moniteur. Ce dernier me répond qu'il est surtout là pour vérifier que le lecteur ne fait pas d'erreurs. À la longue, celui-ci peut se fatiguer... Combien cela prend-il de temps pour enregistrer un livre ? Tout dépend bien sûr de sa longueur. Il faut compter environ soixante-dix heures pour un ouvrage de quatre cents pages. Mais le livre n'est pas fini pour autant, ajoute le moniteur. Son enregistrement est envoyé ensuite au service de la vérification, où un autre bénévole s'assure que l'ouvrage est bien indexé, etc. C'est un véritable processus de production.

Puis on me conduit vers le bureau de « Mme la PDG », qui m'invite à prendre place dans un fauteuil très confortable. Celle-ci se souvient très bien de ma précédente visite à Montréal et se montre fort accueillante à mon égard. D'origine haïtienne, elle parle avec une légère intonation créole. Sa voix est agréable et douce. Mais, à mon avis, il ne faut pas s'y tromper : j'y devine aussi de la fermeté et de l'autorité. Cela fait quatorze ans qu'elle est à la tête de cette organisation, m'explique-t-elle. À son arrivée, il y avait neuf employés et maintenant ils sont vingt-huit. Ils produisaient trois cents livres par an et aujourd'hui neuf cent cinquante. Aucun doute, elle en éprouve de la fierté, et il y a de quoi. Je lui demande si des raisons particulières l'ont conduite à travailler dans ce secteur. « Cela a été un peu un concours de circonstances, me dit-elle. Mais il est vrai que j'ai fait l'expérience d'une perte de la vue dans ma jeunesse, heureusement très brève, à cause d'un médicament. » Elle ne m'en dira pas davantage, mais je comprends que cet épisode l'a rendue sensible à ce handicap.

Plutôt que de parler de son histoire, Marjorie Théodore tient à m'expliquer la mutation que traverse en ce moment Vues et Voix : pas seulement à cause du changement de nom (qui en a rajeuni l'identité), mais aussi dans son rapport au marché et à la demande sociale. Jusqu'en 2012, ses activités reposaient sur une subvention publique qui, du jour au lendemain, leur a été supprimée. Ils ont dû alors inventer un nouveau « modèle d'affaires », me dit-elle. Désormais, c'est la « Grande Bibliothèque » (à laquelle j'ai rendu visite) qui leur commande directement des livres. Ils les produisent et leur facturent le service. Mais cela peut être aussi des entreprises privées, comme l'agence spatiale canadienne, qui leur commandent une version vocale de leurs rapports annuels. En résumé, les activités de Vues et Voix reposent maintenant sur l'établissement de contrats auprès de différents clients. Rien de semblable ne me vient à l'esprit dans le monde associatif français de la cécité.

Mais alors, le service pour les non-voyants ne représente-t-il plus que l'un des secteurs de leur travail ? Exact, me répond-elle. « Cela reste notre mandat principal mais nous cherchons à nous diversifier, par exemple dans le domaine des troubles de l'apprentissage dont souffrent certains enfants qui, ne pouvant fixer leur attention, rencontrent des problèmes de lecture. Quand ils lisent seulement avec leurs yeux, ils vont par exemple sauter une ligne sans le faire exprès. En revanche, s'ils disposent en parallèle de la version sonore du texte, ils pourront bien mieux assimiler leur leçon. En ce cas, ce sont les écoles et le ministère de l'Éducation qui sont demandeurs. On essaie aussi de proposer notre savoir-faire à l'étranger, avant tout dans des pays francophones », ajoute-t-elle. Signe très encourageant, Vues et Voix vient d'obtenir un statut consultatif spécial auprès du Conseil économique et social des Nations unies. « Cela va nous aider pour développer nos services à l'international. Vous le voyez, nous sommes toujours en quête de nouveaux clients, et il faut se battre… Mais c'est passionnant », conclut-elle. Je ressors de cet entretien impressionné par le dynamisme de cette organisation. Et je m'interroge : ce modèle d'entreprise sociale est-il aussi en train de se développer en France, dans ce pays où les associations, voici encore peu, attendaient tout de l'État ?

L'avant-veille de mon départ, j'ai encore prévu d'aller au Jardin botanique pour y visiter la Cour des sens (dont m'a parlé la dame de l'Insectarium). La journée s'y prête : le temps est ensoleillé sans être très chaud. Il faut se rendre au métro Pie-IX, puis prendre un bus qui s'arrête devant l'entrée du Jardin. Je ne peux pas la manquer, paraît-il. Sauf que... une fois sorti de l'autobus, je ne réussis pas à m'orienter. Une passante me rattrape au moment où j'allais foncer sur une cabine téléphonique. Je l'interroge : « La Cour des sens, s'il vous plaît ? » Elle ne connaît pas. Mais elle veut bien m'accompagner jusqu'à la billetterie du Jardin. Elle va faire son jogging, et c'est sur son chemin. La dame de la billetterie m'apprend que je n'ai pas besoin d'acheter de ticket : la Cour des sens, c'est gratuit. Mais où est-ce ? « Vous tournez là, juste à droite, et vous avancez tout droit ; vous verrez bientôt l'animateur. » Alors, je lui montre ma canne : peut-elle m'accompagner ? Mais les dames de la billetterie – elles sont deux – ne peuvent quitter leur poste. Pourtant, il n'y a personne d'autre que moi qui fasse la queue. Heureusement que mon ange gardienne de joggeuse veut bien m'y conduire. Elle se prénomme Emy, et me dit qu'elle a été outrée par l'attitude de ces dames. Je la remercie, car l'endroit est de fait bien peu accessible pour un non-voyant qui veut s'y rendre seul.

Parvenu enfin à bon port, je suis accueilli par Philippe Alarie, le principal animateur de la Cour des sens. Ma joggeuse n'en connaissait pas du tout l'existence, bien qu'elle habite juste à côté. C'est sûr : elle va y revenir pour en faire elle aussi la visite. En attendant, elle nous quitte à petites foulées. Philippe est ravi de me recevoir. Sa voix est chaleureuse et sent bon le québécois. Mais il y a plus : j'ai l'intuition que c'est un passionné de cet endroit, dont il est heureux de me faire découvrir l'originalité. Ce projet, initié par le chef paysagiste du Jardin botanique, a débuté en 1999, m'explique-t-il. L'idée était de créer un espace où les personnes mal ou non voyantes pouvaient toucher et sentir les plantes, voire les manger. Au début des années 2000, on a commencé à en faire venir de différents pays. On les a alors réunies dans ce petit espace à l'entrée du Jardin, en créant un parcours divisé en quatre sections : douce, rugueuse, piquante et collante. Le visiteur peut différencier chacune de ces sections selon la texture du sol sous ses pieds : bois, gravier, briques et gazon artificiel. Ce parcours est bien entendu aussi ouvert à des personnes voyantes à qui l'on propose de faire la visite avec un bandeau sur les yeux.

Pour commencer, Philippe me prend la main et la place sur une rampe métallique, située à mi-hauteur. Elle permet au visiteur aveugle de conserver un repère fixe tout au long du parcours : très simple et pratique. Il m'invite ensuite à me baisser pour toucher une première plante : sa texture me rappelle la douceur du velours. Étonnant... Ne me demandez pas quel est son nom, je ne l'ai pas retenu. Celle-ci a la forme d'une feuille de vigne très velue et donne une jolie fleur jaune orangé, me précise-t-il. Mais elle ne sent rien : dommage. Ce n'est pas le cas de la suivante, un héliotrope du Pérou ; son parfum est sublime. Comment décrire cet effluve qui a pour effet de me ravir les narines et a tendance à me monter à la tête ? J'en suis bien incapable. Les mots me manquent. Ce serait la même chose pour décrire la saveur d'un bon vin ; encore que les sommeliers rivalisent d'inventivité pour décrire les nuances de tel ou tel cru. Je remarque que des étiquettes en braille ont été apposées sur la rampe, indiquant le nom de la plante devant soi. Très bonne idée. Quel est donc le nom de celle-ci ? Je réussis péniblement à déchiffrer : la ca… la camomille. Son odeur est sucrée et les enfants diraient que ça sent le « gomme balloune », me dit Philippe (le chewing-gum, en québécois). Ah ! voici la molène soyeuse, qui me surprend par son extrême douceur. J'ai l'impression de faire une caresse à la plante ou bien l'inverse, que la plante est en train de me caresser… Je ne peux m'empêcher de dire à mon guide : « Dites donc, vous me faites faire une visite très sensuelle… », et lui de rire et d'ajouter : « C'est vrai. Ce n'est pas pour rien que vous êtes dans la Cour des sens ! Mais vous allez peut-être déchanter à la fin ! »

Nous parvenons à la hauteur d'une petite fontaine, qui a été installée au milieu de la cour, et dont le léger murmure est délicieux de fraîcheur. Nouvelle plante à proximité de mes doigts et de mon nez. Je déclare qu'elle sent un peu l'anis. Philippe ne me semble pas d'accord mais ne veut pas me froisser. Sa réponse est prudente et riche de son expérience avec le public : « La majorité des personnes affirment qu'elle sent les petits gâteaux à la vanille », me dit-il. Cependant, une dame lui a affirmé avec conviction que pour elle, cette plante sentait le tabac à pipe... « Les odeurs sont subjectives », conclut-il. Alors, ça me rassure un peu car depuis le début, je ne brille pas par ma sagacité à les deviner.

Notre parcours végétal s'est transformé en jeu, Philippe me demandant : et celle-ci, vous allez la trouver ? Je crois bien que ça sent la rose. Bravo ! Elle provient d'un géranium rosat. Mais pour une bonne réponse, j'essuie plusieurs échecs. Je touche maintenant quelque chose qui pourrait faire penser à des cheveux... Étrange sensation, alors que c'est bien une plante. Quelle est donc son odeur ? Philipe me conseille : « Frottez-la fort ! » Toujours pas d'idée... « Allez, frottez-la encore ! » Il veut m'aider : « On en fait une liqueur en France et le bulbe peut se manger. » Je ne trouve pas. C'est le fenouil, m'avoue-t-il. « Ah oui ! Maintenant que vous me le dites, cela me paraît évident. »

Nous changeons de section : les textures deviennent plus rugueuses. Je touche ce qu'on appelle l'« herbe à chat », qui sent un peu le citron. Elle contient une molécule qui attire ces félins comme une drogue. Voici une plante étrange, qui fait du bruit quand on l'agite ! C'est surprenant... Il s'agit d'une variété d'immortelles dont on se sert pour faire des arrangements floraux. Son bruit ressemble à la sonorité du papier froissé. Bon, j'échoue encore plusieurs fois au petit jeu des devinettes. La même séquence se reproduit : j'hésite, je suis certain de connaître l'odeur, mais mon cerveau reste impuissant à en trouver le nom. Alors Philippe me le donne. Et comme pour le fenouil, je lui réponds : « Mais oui, bien sûr, c'est ça ! » Comment expliquer ce phénomène ? Mon guide me donne un produit désinfectant pour enlever les odeurs qui se sont accumulées sur mes doigts. Ça devrait aller mieux.

Nous entrons maintenant dans la section piquante et épicée. Je reconnais aussitôt l'odeur de la menthe. Trop facile, mais quand même : je m'autocongratule. Puis je cale sur la suivante. J'ai pourtant son nom sur le bout des lèvres ou plutôt au bord des narines… Elle a un très beau look, me dit Philippe, un peu argenté avec de petites tiges et de petites feuilles. Ça ne va pas beaucoup m'aider… Oui, bien sûr, c'est la plante à curry (*Helichrysum*).

Nous arrivons enfin dans la dernière section, où les textures sont collantes et les odeurs très fortes. Je reconnais le thym et l'eucalyptus, mais c'est à peu près tout… Je touche une plante épaisse qui accroche les doigts. Impression très désagréable de quelque chose de visqueux. Je renifle ma main, que j'éloigne aussitôt. Une vraie puanteur ! L'odeur des putois, paraît-il. Cela pourrait être encore un très fort pipi de chat. Mais il y a pire : le « top du top », prévient Philippe. Je sens bien qu'il s'en amuse à l'avance. Il m'invite à frotter mes doigts sur les jeunes feuilles d'une sauge très spéciale. Je suis donc sur le qui-vive, mais c'est un choc : mes doigts transpirent d'une odeur absolument épouvantable. Pouah ! C'est infect ! Elle sent la sueur ou bien les chaussettes très sales. Je n'aurais jamais imaginé qu'elle puisse émaner d'une plante. Vite, un peu de désinfectant !

La visite se termine et je remercie mon guide. Je suis ravi de l'avoir faite ; bravo à ceux qui ont eu l'idée d'un tel projet ! À l'intérieur de cet espace, ils ont réussi à rassembler des plantes du monde entier qui peuvent être découvertes par d'autres voies que la vision. Quand Philippe m'a pris la main, je ne pensais plus du tout que j'avais vu jadis ce merveilleux spectacle d'un bouquet de roses ou d'un cerisier en fleur. C'était il y a très, très longtemps, dans le monde d'avant. Avec lui, j'ai joué au seul jeu des sens auquel je peux encore prétendre aujourd'hui, grâce à mes mains et à mon nez. Mais alors, j'ai mieux pris conscience de mes propres limites. Cette expérience me confirme en effet ce que j'ai remarqué lors de mes promenades dans le cimetière Côte-des-Neiges ou dans le parc de la Gatineau. Il m'est très difficile, voire impossible de décrire les odeurs. Chacun peut en témoigner, je crois. Plus : j'ai eu peine à identifier celles que j'ai déjà respirées et donc que je connais en principe. Cette observation me chagrine et je n'en avais pas vraiment conscience avant ce séjour au Québec. C'est pourquoi je pars avec la conviction que, oui, comme d'autres, je suis handicapé du nez !

***

De retour à Paris, au moment de conclure ce récit, je m'interroge sur le sens de ce séjour et sur ce qu'il m'a apporté. Écrire sur soi a quelque chose d'impudique. Si j'ai franchi ce pas, c'est d'abord parce que j'ai voulu comprendre ce qui m'est arrivé, depuis ce jour de mes 16 ans, quand j'ai appris, par hasard et brutalement, que mon avenir était scellé. Il était déjà écrit dans les astres : je deviendrais aveugle, c'était certain, sans que personne ne sache dire quand cela arriverait. Maintenant que cette prophétie est advenue, que je ne vois même plus le soleil, j'ai la sensation d'être entré dans un autre univers. Vous êtes là, et en même temps ailleurs. Après de longues années de silence et d'accoutumance à cette étrangeté, j'ai voulu en témoigner.

Comment trouver les mots justes pour la décrire aux voyants de l'ancien monde ? Ceux-ci croient trop souvent que les aveugles sont dans la nuit ; c'est là un pur cliché. Comme je l'ai raconté dans *J'arrive où je suis étranger*, j'ai pour ma part éprouvé l'angoissante sensation d'être peu à peu envahi par un brouillard de plus en plus épais. Cet engloutissement a duré des années et des années. Maintenant que j'y suis installé, est-il possible de sortir de la triste narration de cette petite mort de mes yeux ? Comment renaître plutôt, oui renaître, à travers l'invention d'autres images, en étant plus attentif à ce que me renvoient mes autres sens ? Tel a bien été l'enjeu de ce séjour à Montréal – qui fut en somme une expérience sensuelle, née d'un désir de rébellion contre mon aveuglement.

En me rendant seul dans un autre pays, en m'auto-observant, j'ai étudié en direct ce que je suis devenu. J'ai effectué une mission de terrain sur... moi-même, tout en assumant ma charge de prof. Une fois en situation, pour décrire ce que je percevais à l'aide de mes autres sens en alerte, je me suis mis en quête d'un nouveau vocabulaire, de métaphores, de mises en scène – bref, de tous les moyens de mieux saisir le réel par l'imaginaire. C'est le cœur de mon « ailleurs au monde » : entre réel et imaginaire, là où le « je » devient « jeu » – jeu de situations et succession de saynètes, qui me permettent, au lieu de pleurer sur mon sort, de chercher parfois à en rire. Oui, rire de soi, rire pour soi, faire appel à l'humour, pour se moquer de ce fichu handicap. Je suis ainsi revenu de Montréal animé de la même conviction que Borges : ne plus voir est propice à la créativité. Il arrive que des artistes prennent des drogues pour être plus créatifs. Quand on n'y voit plus, ce n'est pas nécessaire : on plane déjà ! On évolue dans un univers de sons et d'odeurs. On voudrait même parfois aller plus loin en se servant davantage du toucher.

Ce séjour, si bref fût-il, m'a aidé à franchir une nouvelle étape dans l'acceptation de ma condition grâce, je ne veux pas l'oublier, à la bienveillante complicité de tous ceux et celles que j'ai rencontrés. Aujourd'hui, je me sens un peu plus fort dans ma faiblesse assumée, plus conscient de mes ressources et de mes limites. En quelque sorte, j'y vois plus clair !

Remerciements

Ils vont d'abord à mes éditeurs, Jean-Claude Guillebaud et Laurent Beccaria, qui ont tout de suite soutenu et encouragé ce projet. Bien entendu, je tiens à exprimer toute ma reconnaissance à mes collègues canadiens de l'université de Montréal pour leur chaleureux accueil : Éric Montpetit, Christine Rothmayr, Frédéric Mérand et Jocelyne Sauvé, mon ange gardienne durant ce séjour. Sandrine Perrot, ma collègue du CERI, ayant enseigné avant moi dans cette université, m'a grandement aidé à le préparer. Mes pensées vont encore à Diane Pilote et Marjorie Théodore de Vues et Voix pour leur efficace disponibilité. Enfin, un grand merci à Clotilde Meyer pour son art subtil de la couture et de la révision du texte ainsi qu'à Michèle Colas et Jacqueline Puyau pour leur relecture finale.

Table

L'exemplaire que vous tenez entre les mains a été rendu possible grâce au travail de toute une équipe.

Couverture : Quintin Leeds
Mise en page : Dominique Guillaumin (In Folio)
Révision : Nathalie Sawmy
Coordination éditoriale : Flore Gurrey
Fabrication : Maude Sapin avec Isalyne Avenel
Commercial : Pierre Bottura
Communication : Isabelle Mazzaschi avec Adèle Hybre
Relations libraires : Jean-Baptiste Noailhat
Rue Jacob diffusion : Élise Lacaze (direction), Katia Berry (grand Sud-Est), François-Marie Bironneau (Nord et Est), Charlotte Knibiehly (Paris et région parisienne), Christelle Guilleminot (grand Sud-Ouest), Laure Sagot (grand Ouest) et Diane Maretheu (coordination), avec Christine Lagarde (Pro Livre) Béatrice Cousin et Laurence Demurger (équipe Enseignes), Fabienne Audinet et Benoît Lemaire (LDS), Bernadette Gildemyn et Richard Van Overbroeck (Belgique), Nathalie Laroche et Alodie Auderset (Suisse), Kamel Yahia et Kimly Ear (Grand Export).
Distribution : Hachette
Droits France et juridique : Geoffroy Fauchier-Magnan
Droits étrangers : Catherine Farin avec Laurence Zarra
Envois aux journalistes et libraires : Patrick Darchy
Accueil du 27 rue Jacob : Fadéla Hassani
Librairie du 27 rue Jacob : Ariane Geffard
Comptabilité et droits d'auteur : Christelle Lemonnier avec Camille Breynaert
Services généraux : Isadora Monteiro Dos Reis

Achevé d'imprimer en France par l'imprimerie Corlet
à Condé-sur-Noireau (Calvados) en mars 2016.

ISBN : 978-2-35204-511-3
N° d'impression : 180946
Dépôt légal : avril 2016